OBSERVATIONS

HISTORIQUES

SUR LES DISCUSSIONS RESPECTIVES

QUI DIVISENT

LES TROIS ÉTATS

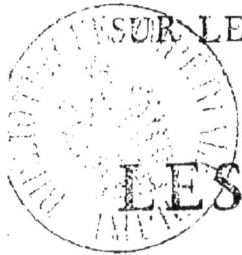

DES DEUX FLANDRES,

SÇAVOIR:

LA FLANDRES AUTRICHIENNE

ET LA FLANDRES GALLICANNE.

PRÉSENTÉES à MM. du Clergé & de la Nobleſſe, & même à MM. du Tiers-État de la Généralité de la Flandres.

M. DCC. LXIII.

OBSERVATIONS

HISTORIQUES

SUR LES DISCUSSIONS RESPECTIVES

QUI DIVISENT

LES TROIS ÉTATS

DES DEUX FLANDRES,

SÇAVOIR:

LA FLANDRES AUTRICHIENNE

ET LA FLANDRES GALLICANNE.

VOUS vous impatientez fans doute, Monfieur, que je tarde fi long-temps à répondre à l'empreffement que vous avez de recevoir mes Obfervations fur le Procès qui eft entre les ordres du Clergé & de la Nobleffe de vos États de Lille, d'une part ; & les Baillifs des Seigneurs Hauts-Jufticiers de Phalempin, Cifoin, Wavrin & Commines, d'autre part ; lefquels fe qualifient du nom d'État au fingulier.

A

J'ai examiné le Mémoire intitulé *Exposition*, figné, *le Saffre*. Celui intitulé *Réponse au Mémoire intitulé Exposition pour le Clergé & la Nobleſſe*, figné, *de la Monnoie, Avocat*; délibéré le 7 Janvier 1760. La requéte d'Intervention des Seigneurs de Commines, de Ciſoin & de Wavrin, & les autres anciens Mémoires que vous avez joint.

J'ai auſſi lu l'*Exposition des trois États du Pays & Comté de Flandres*, 1711, ſans nom d'Auteur.

J'ai encore parcouru quelques Auteurs qui traitent de la Flandres. J'ai réfléchi autant qu'il eſt en moi, & j'ai cru appercevoir, principalement dans ce qui regarde les États de Lille, que les trois Ordres procédent ſur un mal entendu, qui eſt de la derniere abſurdité.

Dans vos prétendus États je n'apperçois qu'un Tiers-État dégradé par ſa jonction avec un État anonyme qui le domine & le détruit.

Dans votre Procès je remarque avec étonnement, que trois des Seigneurs Hauts - Juſticiers abandonnent la place honorable que la Nobleſſe leur a donnée, en préférant un état, un rang chïmérique, qu'ils ne ſçavent pas nommer ni définir.

Je remarque encore que vos Peres ont apperçu une lueur de vérité fur vos Droits refpectifs ; que ces Droits, que ces Rangs vous ont été prononcés par l'Archiduc Albert ; * que cependant vous êtes refté dans un aveuglement inconcevable.

* Le 18 Juin 1616.

Pour moi, après avoir bien réfléchi, je vois que ce Procès, qui a coûté des fommes immenfes à la Province, c'eft-à-dire, aux Châtellenies de Lille, Donay & Orchies, eft un phantôme ridicule, qui pour le fond ne préfente point de quoi fouetter un chat, comme je vais le démontrer.

Je commence par les États de la Flandres Autrichienne ; parce que ceux de Lille, qui en faifoient une petite partie, en font dérivés ; comme les États-Généraux de l'ancienne Flandres font un dérivé des États-Généraux de la France.

Après avoir puifé dans l'Hiftoire de la Province entiere ce qui peut fervir à l'intelligence de mes obfervations, je prends l'Hiftoire de la Flandres du moment où elle a été érigée en Comté en faveur de Baudouin Bras-de-fer, par Charles le Chauve, Empereur des François, qui y ajoûta quelques Villes & Territoires, enforte qu'au temps de cette érection, la Flandres a contenu tout le Pays, qui, le

long de la mer Germanique va de S. Val-
lery sur la Somme, jusqu'à l'embouchure
de l'Escaut, & remontant cette riviere
jusqu'au Vermandois. *Oudegherst* dit,
» que ce Prince, après avoir gouverné
» la Flandres vingt-cinq ans en qualité
» de Forestier, & quinze ans en celle de
» Comte, trépassa en sa Ville d'Arras
» (qui lors étoit chef-Ville & Capitale
» de la Flandres) en l'an 877 ou 879. «

Il dit encore, » qu'en l'an 967, le
» Comte Arnould le Vieil, fit évoquer
» en la Maison qu'il avoit à Gand, près
» le Monastère de S. Pierre, *tous les Pré-*
» *lats, Nobles & autres des États du Pays*
» *& Contrée de Flandres.*

L'Auteur de l'Exposition des trois
États du Comté de Flandres, cite d'après
Sigebert, *Meyerus*, *Buzelin*, &c. un
nombre considérable d'Assemblées des
Prélats, Nobles, Barons & Villes prin-
cipales de Flandres. On peut lire ces Auteurs, & on les trouvera conformes à la ci-
tation que je donne en entier, commençant à la page 20.... » La Flandres moder-
» ne devenue en partie un Fief Royal de
» la Couronne de France, en partie de
» l'Empire, & ayant ainsi ses Princes
» particuliers sous le nom de Comtes, le

Clergé & la Nobleſſe continuerent ſeuls «
d'en repréſenter les États juſques envi- «
ron l'an 1300, comme on verra par ce «
qui s'enſuit. «

On trouve donc en premier lieu «
qu'en l'an 1030, le Comte Baudouin, «
dit le Barbu, convoqua une Aſſemblée «
des Prélats & des grands Seigneurs ou «
Vaſſaux dans la Ville d'Audenarde. «

Sigebert Chronicon. Meyerus annal. Flandriæ, Buzelinus Annal. Gallo Flandriæ.

En l'an 1060, le Comte Baudouin, «
dit de Lille.... convoqua pareillement.... «
(dit *Oudegerſt* dans ſa Chronique de «
Flandres, Chap. 42.) en ſa Ville d'Au- «
denarde, *tous les Prélats, Barons &* «
Hauts-Hommes de Flandres. «

D'une ſemblable Aſſemblée.... quand «
en l'an 1070, le Comte Baudouin, dit «
le Mons, voulut auſſi partager ſes États «
à ſes deux fils Arnoud & Baudouin ; & «
d'une autre Aſſemblée, lorſque le Com- «
te Robert, dit de Jéruſalem, voulut en «
l'an 1111, renouveller les Loix pour «
le repos du Pays. « *Oudegerſt,* au Chapitre 59 de ſes Annales, dit, » que «
le Comte Baudouin *Hapkin,* à la Ha- «
che, fit aſſembler en ladite année «
1111, qui étoit au commencement «
de ſon régne, les Barons, Nobles & «
autres du Pays de Flandres, pour les «

» faire confentir à la Paix publique, qui
» étoit un acte par lequel lefdits No-
» bles renonçans au droit de fe faire la
» guerre, promettoient de fe foumettre
» aux Loix à établir, pour rendre une
» bonne Juftice qui prît la défenfe des
» foibles (tels que gens d'Églife, Labou-
» reurs & autres, même en temps de
» guerre) contre les Nobles, qui ci-de-
» vant avoient fouvent abufé de la Puif-
» fance de leurs Armes. «

Meyer en fes Annales fur l'an 1119,
dit, » que le Comte Charles le Bon, fit
» affembler les Prélats & Nobles à Saint-
» Omer, & en l'an 1126 à Ypres. «

L'Auteur de l'Expofition des trois
États du Comté de Flandres, donne l'extrait d'une note de Me. Gualbert, No-
taire de Bruges, de l'an 1127, dont la teneur s'enfuit.

» 3. *Kalend. Aprilis, Feriâ 4. in fuc-*
» *cenfione campanarum reverfi funt ex At-*
» *trebato* Principes noftri, *qui ad Regem*
» *exiverant pro confulendo Regno & eli-*
» *gendo Confule fecundum confilium Ludo-*
» *vici Franciæ Imperatoris atque* omnium
» Baronum ipfius, & terræ noftræ. *Igitur*
» *Walterus Buttelgier litteras protulit Re-*
» *gis fignatas, coram univerfis civibus nof-*

tris, qui confluxerant simul in agrum ad «
auscultandum Regis mandatum. Atque «
vivâ voce litteris testimonium confirmans, «
ait : Audite ô cives nostri...... Principes «
Franciæ & primi terræ Flandriarum «
jussu & consilio Regio elegerunt vobis & «
terræ huic Consulem Willelmum..... Ego «
quidem elegi ipsum, Robertus Bethuniæ, «
Balduinus ex Alst, & Jwan frater ejus, «
Castellanus ex Insulis, & cæteri Barones «
sublimaverunt eum in Comitatu, fidem, se- «
curitatem & hominia ei fecimus secundùm «
omnem modum prædecessorum suorum Co- «
mitum Flandriæ. Et il ajoûte : Tout le «
dessus est un témoignage convainquant «
que la Noblesse faisoit partie des États, «
& non pas les Communes, lesquels «
par conséquent n'avoient aussi aucune «
autorité dans les Inaugurations de nos «
Princes, mais ceux-ci les ayant recon- «
nus les proclamerent au Peuple. «

Il cite ensuite Mezeray, au reste de
la page 22 & toute la page 23, mais
cela seroit trop long, quoique digne
de remarque ; il faut lire le Chapitre III.
commençant à la page 20, & le Chapitre
IV finissant à la page 59. Au surplus pour
ne pas allonger ces Observations, je re-
marquerai qu'il est resté une preuve suffi-

fante de ce qu'ont été les États de Flandres depuis le temps où le Tiers-État a été reçu dans les Affemblées des États, jufqu'au temps où les révoltes excitées par Jacques Artevelde, fous le régne de Louis, dit de Crecy, Comte de Flandres, ont renverfé tout l'ordre de cette Province.

Cette preuve réfulte de l'Affemblée générale des trois États, qui eft convoquée pour l'Inauguration de chaque nouveau Souverain. Je me contenterai de donner en abrégé l'acte de l'Inauguration de l'Impératrice-Reine de Hongrie, dans la Ville de Gand, le 27 Avril 1744, qui fe trouve tout-à-fait conforme à celle de l'Empereur Charles VI, fait au même lieu.

LISTE des Eccléfiaftiques, Nobles & Députés du Pays & Comté de Flandres, qui ont été convoqués pour l'Inauguration de S. M. la Reine de Hongrie & de Bohéme, célébrée à Gand le 27 Avril 1744.

Les Députés des Villes, Châtellenies, Métiers & Diftricts fubalternes.

1. Deux Députés du Pays & Châtellenie de Bornhem.

. Un Député de la Ville de Thorout.

. Deux Députés de la Ville d'Oftende.

. Deux Députés de la Ville de Nieu-
    port.

. Deux Députés de la Ville & Fran-
    chife de Renaix.

. Deux Députés de la Ville & Métier
    de Bouchaute.

. Deux Députés de la Ville, Keure &
    Franchife Deecloo.

. Deux Députés du Métier d'Affenéde.

. Deux Députés de la Ville de Ninove.

. Trois Députés du Pays de Terre-
    monde.

. Trois Députés de la Ville de Ter-
    remonde.

. Trois Députés du Pays de Waes.

. Sept Députés des deux Villes &
    Pays d'Aloft.

. Deux Députés de la Châtellenie d'Au-
    denarde.

. Deux Députés de la Châtellenie de
    Courtray.

. Deux Députés du Château & vieux
    Bourg de Gand.

. Deux Députés de la Ville d'Aude-
    narde.

. Deux Députés de la Ville de Cour-
    tray.

Les Députés des trois chefs Colléges de la Province ; sçavoir :

19. Les quatre Bourguemeſtres du Franc de Bruges.
20. Le Penſionnaire, le premier Éche-vin, le Bourguemeſtre de la Com-mune, & le Bourguemeſtre des Échevins de la Ville de Bruges.
21. Le ſecond Échevin de la Keure, le premier Échevin des Parchons, le premier Penſionnaire & le premier Échevin de la Keure de la Ville de Gand.

Si vous ajoûtez à ces Villes, les Vil-les & Châtellenies d'Ypres, celles de Lille, Douay, d'Orchies, d'Arras, de Béthune, d'Aire, de St. Omer, Heſ-din, Lens, Bapaume, & autres du Pays d'Artois, & toutes celles de la Flan-dres Maritime, qui ont été ci-devant des États-Généraux de la Flandres, auſſi bien que Tournay, vous aurez le Tiers-État de la Flandres tel qu'il étoit du temps du Comte Philippe d'Alſace, avant qu'il donna les Villes qui com-poſent le Comté d'Artois, au Roi Phi-lippe - Auguſte, pour dot d'Yſabeau d'Hainaut fa niéce, en l'an 1180, & avant la féparation des Villes & Châtellenies de Lille, Douay, &c. qui s'eft faite en 1312.

Après cette difgreffion, fuit la lifte de la Marche des Nobles.

» Charles de Rohan, Prince de Sou- « bife, en qualité de Vicomte de Gand, « Connétable & Guidon Héréditaire de « Flandres, repréfenté par Maximilien, « Marquis de la Woeftine & de Becc- « laere fon parent, en vertu de l'auto- « rifation donnée à ce dernier par le « Prince, Gouverneur-Général. «

Le Prince de Soubife, Vicomte de Gand, doit porter l'Étendart de Flandres, parce que cette fonction eft attachée à fon Fief; mais il ne peut point venir s'acquitter de cette fonction, parce qu'il eft Officier Général du Roi de France, avec qui la Comteffe de Flandres eft en guerre ouverte. On le marque *abfent*, cependant il faut que l'Étendart foit porté à la tête de la Nobleffe : prendrat-on le Baillif de fon Vicomté de Gand pour faire cette fonction & le repréfenter ? Faire marcher un Baillif, qui eft un Officier domeftique, à la tête de la Nobleffe, qui eft un Corps libre ; cette repréfentation feroit indécente.

Abfent.

Premiere Obfervation effentielle.

Que fait-on? On prend un Gent
homme qui eſt regnicole, & qui
parent du Vicomte de Gand, lequ
porte l'Étendart, moyennant un déci
du Prince, qui eſt applaudi par tou
la Nobleſſe.

Après le Guidon, ſuivent les Nobl
précédés par les quatre Barons ou Bee
de Flandres qui l'accompagnent.

SÇAVOIR:

Abſent. Le même Charles de Rohan, Prin
de Soubiſe, en qualité de Baron de C
foing.

Abſent. N. Ryngrave, Comte de Salm, Bê
de Flandres, en qualité de Baron (
Heyn.

Abſent. Henri-Joachim Renard, Baron (
Rouveroy, Beer de Flandres, en qu:
lité de Baron de Pammele.

Pierre Caſſina, Comte de Wonshcin
Beer de Flandres, en qualité de Barc
de Boulers.

Enſuite ſuivent les Nobles titrés o
la Province, dont pluſieurs ſont ma.
qués abſens.

Après ſuivent les Députés du Clergo
c'eſt-à-dire, des Chapitres : puis viennei
les Abbés Réguliers, qui ſont ſuivis du
Évêques de Bruges & de Gand.

Et la marche finit par *le Maréchal Héréditaire de Flandres* , *portant la Grand'Épée* , nommée *Eſtoc* , & marchant entre les Héraults d'armes.

Des quatre Beers de Flandres, trois étoient abſens ; leurs noms ſont marqués dans la liſte : un ſeul y paroît, les trois autres ne s'y font point repréſenter ; on n'y recevroit point leurs Repréſentans.

Le Comte de Boulinvillier, dans ſon Hiſtoire du Gouvernement de France, *Tom. 3.* obſerve, que le Parlement de Paris répondant à une Conſultation du Roi Charles VII. par un Acte du 20 Avril 1448, contenant ſept articles, répond au quatriéme & cinquiéme article, ſur la demande : *ſi les Pairs doivent être appellés au Jugement, s'il ſuffit de les appeller ? Si les Envoyés de ceux qui ne viendront pas , doivent être reçus à opiner avec les Préſens ?* La Cour répond, *que tous Pairs doivent être appellés : que s'ils viennent , ils doivent aſſiſter au Jugement ..... que les Envoyés n'y doivent point être admis.*

Enfin, les trois États ont été aſſemblés dans la Province de Flandres dans toutes les occaſions ; & le Clergé & la

Nobleſſe en ont toujours fait les deux premiers Ordres.

Le Penſionnaire du Pays de Waes, qui eſt l'auteur de l'expoſition des trois États de la Flandres, pour prouver, comme il le fait très-diſtinctement, que les Villes de Gand, de Bruges & d'Ypres, n'ont pas plus de privilége que les autres Communautés de la Province, cite & convient, que l'Aſſemblée du Clergé & de la Nobleſſe compoſoient les États, prenoient des réſolutions, les publioient au peuple, & les faiſoient obſerver : il dit que les Communes y ayant été appellées, elles y ont donné leur voix. Il ſoutient que l'arrangement des trois membres de Flandres, c'eſt-à-dire, Gand, Bruges & Ypres, fait par Artevelde, eſt un arrangement purement Militaire. Il fait plus, il le prouve encore par pluſieurs actes & auſſi par un paſſage de Meyerus, qui, parlant de la révolte des Flamands contre leur Comte Louis de Nevers ou de Crecy, en 1343, dit qu'ils avoient choiſis Jacques Artevelde pour leur Commandant-Général, Rewart ou Protecteur. Ce Général diviſa la Flandres en trois membres, cercles ou quartiers. Voici comme

me il en parle...... ,, *Artevelda con-* "
fensu civitatum Brugis Ægidium à Cou- "
denbrouc , & Ipris Joannem Holt- "
kerckanum Nobilem virum præfecit , & "
ut quæque civitas fuorum finium gere- "
ret curam. Tota inferior Flandria cum "
ripa amnis Lyfæ Iprenfibus fubdere- "
tur : Franconates omnes tam Orienta- "
les , quàm Occidentales feptentrionefque "
cum appendicibus Brugicæ effent ditio- "
nis. Quatuor Officia , Wafia , Tene- "
remunda , Aloftum , Audenarda & Cur- "
tracum Gandenfibus attribuerentur. Ità "
ceu in trierachias Flandriâ deductâ ac "
tripolitanâ factâ , ut per pacem in quæf- "
tu fuo degeret. Quæ quidem res , quam- "
vis Ludovico Principi maximè difplice- "
ret , devoranda tamen illa erat moleftia ; "
nam mutare non potuit. " Buzelin rap-
porte le même fait par ces mots........
,, *Jacobi Arteveldæ ftudio, in trierachias* "
Flandriæ Comitatus eft divifus , Gan- "
denfibus , Bruganis , & Iprenfibus. "
Magnum ex eo dolorem facto capiebat "
Comes Ludovicus & fæpenumero cona- "
tus eft Flandros ad unius corporis com- "
paginem revocare. Fruftrà tamen is "
labor ejus fuit. "

B

De ce paffage de Meyerus, qui eft confirmé non - feulement par tous les Auteurs contemporains, mais encore par les actes publics, il réfulte que la création des trois premiers membres de Flandres, doit fon établiffement à un fcélérat révolté contre fon Souverain; lequel Souverain n'a pas été en état de rétablir l'ordre naturel & fondamental de fon État. Si on veut lire les Articles XXIII. XXIV. & XXV. du Chapitre IV. de l'Expofition des trois États de Flandres, on s'en convaincra parfaitement.

Quoiqu'il en foit, ces trois Villes ont primé depuis ce temps-là; mais cette primauté a-t-elle pu détruire les loix fondamentales de la Province & le titre des Nobles qui ont créé la Monarchie? Enfin, la longue impuiffance du Prince a-t-elle acquis un titre qui puiffe réalifer les effets d'une révolte? Le Prince a-t-il jamais confenti à la deftruction des titres du Clergé & de la Nobleffe?

Suppofez même qu'il l'eut fait; le confentement du Prince auroit-il pu détruire ces titres? Non vraiment: il eût fallu, pour détruire ces droits & ti-

tres de la Nobleſſe , que le Prince l'eût
priée de s'aſſembler , pour écouter les
repréſentations du Peuple ; que ſur ces
repréſentations , la Nobleſſe , de ſa pure
bonne volonté , eût renoncée à ſes droits,
à ſes titres ; qu'elle eût conſenti d'être
impoſée aux Aides & aux Tailles que
demanderoit le Prince ; qu'elle eût conſenti aux Impôts que les Magiſtrats auroient demandés , l'Octroi de lever ſur
les conſommations. Mais dans l'Hiſtoire
de la Flandres ce n'eſt pas cela ; c'eſt une
Populace révoltée qui détruit tous les
Nobles qu'elle peut rencontrer , parce
que ces Nobles , attachés au Souverain,
le défendent de tout leur pouvoir.

Le peu de Nobles que la fuite a pu
ſauver du carnage , reviennent à la ſuite
du Prince , afin de rentrer dans leurs
biens : le Prince n'eſt pas aſſez puiſſant
pour les faire jouïr de leurs droits, de
leurs titres ; ils ſe taiſent , attendant un
temps plus favorable , & ſouffrent l'in-
juſtice , mais ſans renoncer juridiquement à ces droits, à ces titres.

Cependant le Prince rentré , ou
pour mieux dire, ſimplement toléré par
les ſéditieux , veut conſerver au moins
la forme, afin qu'on n'oublie pas tota-

lement ces droits; & fous prétexte des fermens réciproques, il fait intervenir les trois États à fon Inauguration, chacun felon fon rang.

Dans le Chapitre V. l'Auteur de l'Expofition fait voir, que fous les Comtes de la Maifon de France, dite de Bourgogne, les trois États de la Flandres étoient fréquemment convoqués, foit pour les Traités de Paix, en 1407, 1414, 1417, 1419, 1437, 1470, 1475, &c.

Le même Auteur, pour faire voir que les quatre membres de Flandres ne font pas les États, mais fimplement inftitués par Jacques Artevelde, pour le rang des Troupes ou Milice dans les Armées, ainfi que la direction de ce qui pouvoit concerner la manutention des dépenfes des Armées, dit au Chapitre VI. Article X. „ Il alla à peu „ près en la Flandres, comme il va au- „ jourd'hui dans l'Empire. Les affaires „ concernant la Paix ou la Guerre & „ d'autres d'importance, auffi les con- „ fentemens des Aides & Subfides, y „ font agitées par les trois États: mais „ l'exécution en fait d'armes de guerre „ ou de défenfe mutuelle, s'y fait par „ les dix Cercles ou Membres de l'Em-

pire, dont les Directeurs sont les "
Princes qui possédent respectivement "
dans les Cercles, l'État le plus con- "
sidérable, & le Cercle est ordinaire- "
ment appellé selon le nom de cet "
État. "

Le même Auteur au Chapitre VII.
Article XXVI. parlant de la cession
faite des Pays-Bas par l'Empereur Charles V. en l'an 1555, le 25 d'Octobre,
en faveur du Roi Philippe II. donne
l'Acte de l'Inauguration, où après la
réception du serment de ce Prince, il
nomme une quantité de Prélats & autres Ecclésiastiques pour le Clergé,
vingt-quatre Gentilshommes *pour la No-*
blesse, & les Députés de toutes les Villes de la Flandres, lesquels ont prêté le
serment réciproque, tel que s'ensuit :
Nous, Prélats, Nobles, Députés des
quatre Membres, Villes & Châtellenies
de Flandres, au nom des États d'icelui
Pays, &c.

Le même Auteur cite entre les autres Assemblées des trois États de Flandres, une Assemblée de l'an 1576, tenue à Bruxelles avec les autres États du
Pays-Bas, qu'on trouve entre les Pla-
cards de Brabant, où il est dit : » *les*

„ *Prélats, Nobles, Villes & Membres de*
„ *Brabant, Flandres, Artois, &c.* repré-
„ *fentans les États de Brabant, de Flan-*
„ *dres, d'Artois, &c.* Il pourfuit à l'Ar-
„ ticle XXXI.....„ Quelque temps après
„ ce Traité, la Religion prétendue Ré-
„ formée prenant le deffus en Flandres,
„ l'État du Clergé y fut aboli, & les
„ quatres Membres ou leurs Députés
„ ou Subftituts, prirent feuls l'adminif-
„ tration des affaires pour lefquelles les
„ Nobles & les Communes n'étoient
„ point accoutumés de s'affembler. "

Quatrié-
me Obfer-
vation.
Voilà donc une feconde fois le Clergé & la Nobleffe privés de leurs droits
& de leur titre, & toujours dans des
temps de révolte, & cela par le Tiers-
État, toujours remuant. Enfin, en 1585
les Villes de Flandres étant rentrées dans
une efpèce de devoir, & l'exercice libre
de la Religion Catholique y étant réta-
bli, les Eccléfiaftiques voulurent remet-
tre leurs Députés auprès des Députés
defdits quatre Membres, lefquels s'y op-
poferent. Cependant après bien des dif-
cuffions, intervint un Arrêt du Grand
Confeil, donné le 5 Novembre 1596,
qui déclare, qu'*en toutes Affemblées &*
Convocations qui fe feront pour le fait

des Aides & autrement , esquelles les Sup-
plians seront appellés , leur sera donnée
la place que leur qualité & dignité le re-
quiert , & selon qu'avant les troubles der-
niers a été observé. A quoi l'Auteur dit
à l'Article XXXII. „ Il semble qu'- "
on ne pouvoit attendre d'autre Sen- "
tence de la Justice de cet illustre Corps ; "
car pour la préséance , c'est une chose "
incontestable , que depuis l'Election "
& l'Etablissement de la Monarchie "
Françoise , dont toute la Flandres "
étoit partie , le Clergé a eu la préséan- "
ce devant les Nobles , du moins de- "
puis que les Princes Carlovingiens "
ont montés sur le Thrône. De mê- "
me s'est pratiqué depuis que la "
Flandres a eu ses Comtes ou Princes "
particuliers , & les Ecclésiastiques & "
les Nobles ont eu la préséance sur les "
Communes , &c. "

Enfin , le même Auteur , à l'Article
XLII. page 246 , dit , „ que vers l'an "
1625 , le Conseil de Flandres commen- "
ça d'oublier les Nobles pour la Con- "
vocation des États , & de n'en plus "
faire mention dans les Lettres circu- "
laires qu'il écrit à cette fin. « Il ajoûte à la
page suivante : „ les Nobles n'y ont "

,, point été infenfibles ; ils en firent leurs
,, plaintes, fur quoi s'eft mû un procès
,, entre eux & les quatre Membres., qui,
,, à ce que je crois, eft encore indécis : "
& il joint la teneur de la Procuration
que les Nobles donnerent en 1628, aux
Seigneurs de Paffchendal & de Sweve-
ghem, pour porter plainte *à S. M. &*
aux Confaux, ou là, qu'il convient. Cette
Procuration eft fignée par douze Gentilshommes, dont les noms font très-con-
nus, entre lefquels fe trouve le Baron
de Boulers, Beer de Flandres.

Cette Procuration me fait faire une
réflexion. Elle eft fignée par un feul des
Barons de Flandres, & ce n'eft pas lui
qui eft chargé de la pourfuite de cette
affaire. Que font donc devenus les trois
autres, qui, ainfi que le Baron de Boulers, font les Avoués, les Patrons, enfin les Députés ftables de la Nobleffe,
qui ont un titre perpétuel inféodé, &
par conféquent reconnu par le Souverain, pour foutenir les droits quelconques des Nobles & de leurs Sujets ? Ces
Barons font tombés dans une telle igno-
rance de leurs droits & de leur devoir,
qu'on confie la plainte des Nobles à
deux Gentilshommes, dont le pouvoir

finit avec leur vie. Ils meurent; & les
droits & les titres de la Nobleſſe ſont
oubliés. Pour moi, ſi j'étois l'un des quatre Beers ou Barons de Flandres, j'irois
voir tous ces Nobles, je leur explique-
rois leur titre, qui eſt impreſcriptible;
je m'aboucherois avec mes Collégues;
je préſenterois ma Requête; & je ſou-
tiendrois que la Nobleſſe ne peut être
impoſée ès Tailles, Aides, Subſides &
Impoſitions quelconques, que par ſon
conſentement; & je ſuis bien ſûre, que
quelques oppoſitions que puiſſent y former les trois Membres intrus par Jacques Artevelde, le Souverain ne pourroit ſe refuſer au bon droit de ma cauſe.

Diſſertation ſur le Titre des Barons.

Je ne parle pas ici de ces Barons
que les Rois créent tous les jours ſous
le nom d'une Terre, encore moins de
ceux qui poſſédent ce titre affecté à leur
nom; ceux-ci n'ont aucune Juriſdiction, les autres n'ont d'autres prérogatives que celui de Défenſeurs des Habitans de leur Terre, qui ſont aſſujettis
à leurs Juſtices, étant habitans dans leur
mouvance : ce titre ne leur donne pas

plus de prérogatives qu'aux autres Seigneurs de Paroisse ou de Fief.

Mais je parle de ces Barons Provinciaux, tels que sont les quatre Barons, *Beers* de Flandres.

Quoique dise le Dictionnaire de Furetiere, de l'étimologie du nom de Baron, je pense que cette qualification dérive du titre de Patron, qui a été corrompu : ce qui me confirme dans cette opinion, c'est que plusieurs Allemands, qui ne font qu'écorcher le François, m'ont paru prononcer le nom de *Baron*, comme je le prononcerois s'il s'écrivoit *Paron*. C'est encore, comme dit Furetiere, il est des Coutumes où les Maris font appellés *Barons. Une Femme ne peut appeller, ni contracter sans l'autorité de son Baron.* Une Servante Italienne, parlant de son maître, dit *mon Baron.* L'Abbaye de S. Vaast d'Arras, *a ses Barons*, qui, dans l'origine, étoient ses Défenseurs, ses Avoués. Dans presque tous les Pays d'État, on voit à la tête de la Noblesse, des Barons Provinciaux, les Barons de Bretagne, les Barons de Languedoc.

Je regarde donc ces Barons comme les Élûs, les Députés perpétuels & stables de la Noblesse, comme ses Avoués, les Défenseurs reconnus de ses droits, de ses Vassaux & de ses Sujets. C'est dans ce sens qu'on doit entendre ce qu'il dit, quand il dit : *Baron se disoit autrefois des Grands du Royaume de France : quand le Roi tenoit les États ou des Conseils d'importance, il assembloit ses Barons.* Que penser delà, sinon que le Roi appelloit à son Parlement, c'est-à-dire, à l'Assemblée des États - Généraux, les Barons Provinciaux, qui étoient les Elûs, les Députés ordinaires & stables de la Noblesse de ses Provinces?

. Je finis ce qui regarde les États de la Flandres Autrichienne, en concluant, que si les quatre Beers ou Barons de Flandres avoient présenté leur Requête au nom de la Noblesse en 1753, il est plus que vraisemblable qu'ils auroient été réintégrés dans leurs droits par l'Ordonnance de l'Impératrice Reine, du 5 Juillet 1754; & que suivant les sages dispositions de cette Ordonnance, la Députation ordinaire auroit été composée de deux Ecclésiastiques, de deux des quatre Beers, ou d'un Beer, & d'un autre Noble, & de deux Députés du Tiers - État, sçavoir : l'un de l'un des trois Membres

reſtans, & l'autre de l'une des Villes ſu-
balternes qui ont été réintégrées dans la
voix délibérative à l'Aſſemblée-Générale
deſdits États (par cette Ordonnance,)
chacune à ſon tour : & quoique cette
Ordonnance ſemble ne devoir pas être
changée par l'Impératrice-Reine qui l'a
portée, je ſuis perſuadé que toute raiſon cédroit à l'obligation où cette Prin-
ceſſe pieuſe croiroit être, de rendre juſtice à la Nobleſſe de la Province.

Je paſſe aux États d'Artois, parce
que cette Province, qui a fait partie
de celle de Flandres juſqu'à l'an 1180,
comme vous l'avez remarqué à la page
3 de l'Expoſition du Procès, n'ayant
point été troublée par le ſéditieux Artevelde, & même pas par les troubles de
la Religion, on y retrouve les premiers
principes, & une partie conſidérable des
uſages & droits des États-Généraux &
Provinciaux du Royaume. D'ailleurs, ſi
les États d'Artois ont été diviſés en deux
parties, & ont dû ſuſpendre quelquefois
leurs Aſſemblées pendant la grande guerre de l'an 1635, juſqu'à 1678, qu'elle eſt
retournée en entier ſous la domination
du Roi, leſdits États ont repris alors
leurs droits & leurs uſages qui n'avoient

point été oubliés : au lieu que tout ce qui a été féparé de la Flandres par la guerre, n'a jamais été réincorporé au gros de ladite Province ; comme par exemple, les Villes & Châtellenies de Lille & Douay féparées en l'an 1312, la Ville de Tournay & le Tournaifis, féparés en l'an...... & la Ville & Châtellenie d'Ypres, l'un des trois premiers Membres de Flandres établi par Artevelde, qui enlevée à la Maifon d'Autriche en 1678, & rendue en 1713, n'a cependant pas été réincorporée au refte de la Flandres ; mais fait un petit État particulier tout-à-fait Municipal.

Ce n'eft point à nous d'examiner fi la politique de tenir les États une fois divifés par des occafions de guerre & depuis reftitués ; fi, dis-je, la politique de les tenir en petits paquets, eft plus utile au Souverain : car au premier afpect, il femble que plus il y a d'Adminiftrations féparées, & plus il faut d'Officiers, & par conféquent plus de dépenfes.

Comme les États d'Artois & leurs ufages ne m'étoient connus que par des *oui-dire*, je n'ai trouvé rien de plus convenable que de donner ici un extrait du

livre intitulé , *Notice de l'État ancien &*
moderne de la Province & Comté d'Ar-
tois. Imprimé à Paris, chez Guillaume
Desprez & Guillaume Cavelier, en 1748.
Avec approbation & privilége.

L'Auteur dit, *fol. 197.* ,, L'on a re-
,, marqué ci - deſſus, *que la Flandres &*
,, *l'Artois n'avoient formé qu'un ſeul Peu-*
,, *ple & une ſeule & même Province,*
,, depuis Baudouin Bras-de-Fer , juſqu'-
,, en 1180 , qu'alors l'Artois avoit été
,, démembré de la Flandres..... A la ſé-
,, paration de l'*Artois* d'avec la Flan-
,, dres , *le Corps des États,* qui n'étoit
,, *qu'un,* s'eſt auſſi ſéparé *en deux Corps ;*
,, de ſorte que depuis 1180, juſqu'à ce
,, jour, *il y a toujours eu des États de*
,, *Flandres & des États d'Artois.* ‟

L'Auteur emploie toutes les pages
198 & 199 , à décrire où & comme les
États d'Artois, qui n'ont jamais ceſſés,
ont été convoqués depuis 1635, juſqu'à 1678 ; & il pourſuit :

,, Il y a réguliérement tous les ans ,
,, comme autrefois, *une Aſſemblée géné-*
,, *rale , convoquée par S. M. à Arras.*

,, *Les Commiſſaires pour la tenue des*
,, *Aſſemblées des États d'Artois , furent*
,, *ſous la domination de l'Eſpagne ; &*

depuis 1530, le *Gouverneur-Général* "
de la Province, & le Préfident du Con- "
feil Provincial d'Artois..:.... mais de- "
puis 1661, il y a toujours eu, de la "
part du Roi, *trois Commiffaires nom-* "
més, fçavoir : le *Gouverneur-Général* "
de la Province, ou en cas d'abfence, "
un autre *Officier dans les hauts Gra-* "
des Militaires, l'Intendant de la Fro- "
vince, & le premier Préfident au Con- "
feil Provincial d'Artois. "

Il s'expédie à ce fujet une Lettre "
de Cachet adreffante aux États, & des "
Commiffions en forme de Lettres - Pa- "
tentes, adreffantes aux Commiffaires, "
& autant de Lettres de cachet qu'il y "
a d'Evêques, de Chapitres, d'Abbayes, "
de Gentilshommes, & de Corps de Vil- "
les qui ont le droit d'entrer aux États. "

Nul n'y eft reçu par Procureur "
Spécial ; il faut y venir en perfonne, "
muni de fa Lettre de Cachet , fans "
quoi on feroit exclus de l'Affemblée. "

On en exclut tous les Officiers du "
Confeil d'Artois qui font en actuel "
exercice de leur office, quand même "
ils auroient les qualités requifes pour "
y entrer, parce qu'ils n'ont rien de "
commun avec la Province, dans la- "

„ quelle ils font une claſſe, & pour ainſi
„ dire, un État à part. " *

Aux pages 201, 202, 203, 204, il
donne un détail des rangs de l'Aſſemblée & du Cérémonial qui s'y pratique
avec la plus grande décence.

Après avoir donné ce détail, il dit
à la fin de la page 204 : „ Les *Députés*
„ *Ordinaires* rentrent enſuite dans la Sal-
„ le, où il reprennent leurs places. Les
„ Députés à la Cour, pendant l'année
„ qui a précédé cette Aſſemblée, ſe
„ portent au Bureau, d'où ils rendent
„ compte des affaires dont ils ont été
„ chargés auprès du Roi, & de toutes
„ les opérations qu'ils ont faites pour
„ la Province pendant le temps de leur
„ miſſion : enſuite on nomme les Com-
„ miſſaires particuliers des États, aux
„ fonds..... & l'on s'ajourne à un autre
„ temps...... Le jour de *l'Ouverture des*
„ *Séances de travail, les trois Ordres*
„ *ſe rejoignent dans la Salle de Confé-*
rence,

---

* La véritable raiſon, eſt parce qu'ils ſont Officiers
du Roi, attachés par des Charges venales; car on y
reçoit les Militaires, parce qu'ils n'ont que des Commiſſions momentanées qui ne les dépouillent point de
la liberté néceſſaire, pour voter dans la Claſſe des
Hommes Francs.

rence, & se séparent l'instant d'après, "
pour se retirer chacun dans leur cham- "
bre particuliere, afin d'y prendre leurs "
délibérations séparément...... & sur les "
autres affaires qui peuvent intéresser.... "
C'est pourquoi chaque Chambre a un "
Greffier particulier, qui tient note de "
la Résolution ou Avis particulier de "
la Chambre où il sert.

Les Chambres se communiquent "
ensuite leurs Avis par des *Conférences* "
particulieres, qui se font par forme "
de rapport d'une Chambre à l'autre : "
& c'est toujours à celle du Clergé, où "
les deux autres vont faire ce Rapport ; "
celle du *Tiers-État* le va faire *à la* "
Chambre de la Noblesse, avec le même "
cérémonial, en sortant de *la Chambre* "
du Clergé..... Il poursuit à la page 207 : "
Quand chaque Chambre a formé sur "
toutes les matieres proposées, l'Avis "
auquel elle s'arrête, on convient d'un "
jour où se tiendra la Séance de Con- "
férence générale en la grande Salle. "

Il est bon de lire depuis cette page
207, jusqu'à la page 211, vers la fin,
en parlant des Commissions.

„ Les plus distinguées font celles "
des *Députés Ordinaires*, qui ne durent "

,, que trois ans : il y en a un de chaque
,, Ordre, & ces *Députés* forment *un Bu-*
,, *reau permanent* à Arras, dont l'exer-
,, cice est néanmoins suspendu pendant
,, la tenue des *Assemblées-Générales.*

,, Ce sont, à proprement parler, des
,, *Syndics choisis*, qui régissent & admi-
,, nistrent au nom *du Corps*, sous l'Au-
,, torité du Roi, pendant l'année, &
,, d'une Assemblée à l'autre...... La no-
,, mination de ces *Commissaires particu-*
,, *liers* ou *Députés des États*, se fait
,, par la voix d'Élection en l'Assemblée-
,, Générale...... L'Ordre de la Noblesse
,, fait son élection le dixiéme jour de
,, l'Ouverture de l'Assemblée-Générale,
,, en la Séance de l'après-midi, & par
,, scrutin. Les *deux autres Ordres* n'ont
,, ni jour, ni forme déterminés pour
,, leurs élections.

,, Ces Députés doivent résider à Ar-
,, ras, & se rendre tous les jours matin
,, & soir au Bureau des États, pour
,, entendre & pourvoir aux affaires de
,, la Province.....

,, Outre les *Députés Ordinaires*, il y a
,, des *Députés à la Cour*, dont les élec-
,, tions se font comme dessus par cha-
,, que année, & dont les Commissions

ne durent qu'un an...... A l'Audience "
du Roi, le *Député du Clergé* porte la "
parole, étant de bout au milieu, & "
ayant à sa droite le *Député de la No-* "
blesse aussi debout, & à sa gauche *celui* "
du Tiers-État, en habillement propre "
à son Ordre, & qui se met à genoux, "
tenant le Cahier de la Province en ses "
mains. "

Après la harangue, le Député du "
Clergé prend le Cahier des mains du Dé- "
puté du Tiers-État, & il a l'honneur "
de le présenter au Roi, qui le reçoit, "
& le délivre sur le champ à son Minis- "
tre. "

Il est d'usage de faire tous les "
ans une Assemblée, que l'on dit *à la* "
main. Elle est ordinairement compo- "
sée des Membres des trois Ordres qui "
sont le plus à portée d'Arras. " *Nota*,
que ces Assemblées ne sont point bor-
nées ; les Députés les convoquent dans
les occasions où il faut délibérer sur
quelques sujets importans dans l'inters-
tice des Assemblées-Générales provision-
nellement & sous le bon plaisir de l'Assemblée-Générale. On a fait une de ces
Assemblées lors de la Naissance du Comte d'Artois, & cette Assemblée a dé-

cerné une Députation extraordinaire à la Cour. A cette occasion, il dit page 217 :

,, Il y a encore outre cela des Com-
,, missions de Députés Ordinaires aux
,, Comptes, qui sont élus comme les
,, autres, & qui durent trois ans..... Ils
,, s'assemblent par chacune année *en deux*
,, *temps : le premier* environ le mois de
,, Janvier, & *le second* environ le mois
,, de Mai: leur travail est la mesure de
,, leur exercice. *Ces Députés* coulent tous
,, les Comptes des Receveurs-Généraux
,, & Particuliers des États ; ils réglent
,, toutes les difficultés qui peuvent s'é-
,, lever à ce sujet, sans autre recours
,, que la voie de représentations à l'As-
,, semblée-Générale prochaine..... " Ensuite l'Auteur donne la liste des Ecclésiastiques, Nobles & Députés des Villes
qui composent le Tiers-État ; ce qui
comprend depuis la page 228, compris
243.

OBSERVATION.

Voilà quels sont les trois Ordres des
États d'Artois, & tels qu'ils ont été
établis en 1180, lorsque les Villes, qui
composent aujourd'hui cette Province

rigée en Comté, ont été féparées de la Flandres.

Comme cette Province n'a point été xpofée aux malheureufes féditions & ux révoltes qu'a effuyées le Comté de Flandres, les ufages & les droits des États s'y font confervés dans leur pureté rimitive : les trois Ordres s'y font con-ervés dans leurs titres, droits & préro-atives tels qu'ils étoient dans le temps & dans tous les temps antérieurs dans a Généralité de la Flandres, & même ans la Généralité de la Monarchie Fran-oife, y compris l'Empire Germanique, ui eft le berceau, & fait la plus gran-e partie de l'Empire François créé par Charlemagne.

Le feul changement que les Artéfiens ont fait, lorfqu'ils font convenus de la Compofition de leurs Affemblées d'É-at, c'eft que n'ayant dans leur Diftrict aucun des quatre Barons de Flandres, ls fe font bien gardés de demander la création de cette efpèce de Défenfeurs, ou Députés Perpétuels de la Noblefle.

On dira peut-être que quatre Dépu-és perpétuels doivent conferver mieux es droits & l'efprit politique de la Pro-vince, parce que chacun d'eux a dû

mûrir en la fociété de trois fes Anciens, ce qui doit naturellement per-
pétuer l'efprit de tout le Corps; au lieu
qu'un feul Député Triennal peut à peine apprendre les droits de fon Corps
& fes devoirs perfonnels; ce qui doit
occafionner un dérangement très-fré-
quent dans l'Ordre général de la Province, & dans fon fyftême œconomi-
que : que d'ailleurs ces Barons Perpétuels ne peuvent manquer de devenir
des Hommes importans, des Seigneurs
confidérables, dont le crédit peut être
très-avantageux à la Province, par l'a-
vantage qu'ils ont d'être connus; quelquefois même dans la plus grande faveur
près du Souverain.

On pourroit même citer à ce propos,
les quatre Hauts-Jufticiers de la Châtellenie de Lille, qui, par les alliances,
font devenus, fçavoir; *le Seigneur de
Phalempin*, Roi de France; *le Seigneur
de Cifoin*, Maréchal de France & Mi-
niftre; *le Seigneur de Wavrin*, Lieutenant-
Général, & *le Seigneur de Commines*,
premier Prince du Sang Royal.

Les rangs éminents que ces Seigneurs
tiennent actuellement dans le monde,
les éloignent des fonctions pour lefquel-

les la Noblesse les avoit élûs : ainsi ils font perdus pour la Province qu'ils ont abandonnée. Les quatre Beers de Flandres ont été chassés ou détruits par Jacques d'Artevelde , ainsi que les autres Nobles & le Tiers-État de la Flandres Teutonne, qui enfin a bien voulu reconnoître & recevoir son Prince. Le Comte de Flandres n'a jamais voulu confentir au rétablissement des Nobles & des Barons de Flandres. dans leurs titres & leurs droits respectifs. Je répéte ce que dit Buzelin : *Magnum ex eo dolorem facto capiebat Comes Ludovicus , & fæpenumerò conatus eft Flandros ad unius corporis compaginem revocare. Fruftrà tamen is labor ejus fuit. Et Meyerus* a dit : *Quæ quidem res , quamvis Ludovico Principi maximè difpliceret , devoranda tamen illa erat moleflia ; nam mutare non potuit.*

De ces exemples , je conclus que le parti qu'ont pris les Artéfiens , de s'en renir à des Députés Triennaux , a été le plus fage , puifqu'il a contenu leurs États dans la forme primitive.

Après ces obfervations préliminaires & hiftoriques , je paffe à la Flandres Gallicanne , & j'examine le fonds de votre procès.

Je m'embarraffe peu du titre des Ma-
giftrats-Municipaux, ils ne peuvent fortir de la Claffe du Tiers-État avec la
même facilité, qu'ils fe font affranchis
du Réglement qui leur a été donné en
1235, par la Comteffe Jeanne, à la re-
quifition & du confentement de l'Univerfalité de la Communauté. Je ferai
quelque part l'analyfe de ce titre fondamental. Commençons à examiner hif-
toriquement le titre des quatre Baillifs;
difcutons & voyons s'ils ont un titre
réel, ou fi ce font des intrus.

Vous avez très-folidement établi dans
votre Mémoire intitulé, *Expofition du
Proçès*, que les *Villes & Châtellenies de
Lille, Douay & Orchies*, ont fait partie
des États-Généraux de la Flandres, jufqu'en l'année 1312, que le Comte Robert
les céda (avec celle de Béthune) au Roi
Philippe le Bel, qui s'en étoit emparé
dès l'an 1305, à titre d'hypothéque, &
qu'elles refterent fous la domination im-
médiate des Rois, leurs Seigneurs Suze-
rains, jufqu'en 1369, que le Roi Charles
V. les rendit à Louis de Male, Comte
de Flandres, en faveur du mariage que
contractoit Philippe de France, dit *le
Hardi*, Duc de Bourgogne fon frere,

avec Marguerite de Flandres, fille & unique héritiere dudit Louis de Male.

Vous avez obfervé judicieufement que ce fut un bonheur pour elles, en ce qu'elles ne furent point expofées aux féditions de Jacques d'Artevelde, & de la Populace du refte de la Flandres. Vous ignorez comment ces Villes & Châtellenies furent régies depuis 1312 jufqu'en 1414. Vous avez cependant quelques titres & des notions que dans les Aides que les Rois & les Ducs de Bourgogne ont demandées pendant ce temps, on n'a point violé le titre perfonnel des Eccléfiaftiques & des Nobles, *de ne pouvoir être impofés aux Aides & Subfides.*

Mais il paroît que le Souverain avoit enfreint le titre des Seigneurs Hauts-Jufticiers & Vicomtiers qui compofoient la plus grande partie de la Nobleffe, en demandant des Aides aux Habitans de la Campagne, qui étoient les Gens & les Sujets de ces Seigneurs Hauts-Jufticiers & Vicomtiers, fans l'aveu de ces mêmes Seigneurs, à qui feuls il appartenoit de confentir auxdites Aides, & d'en ordonner & régler le payement. Pour le prouver, vous citez légerement qu'-

én 1413 Antoine de Bourgogne, Duc de Brabant, Pere & Tuteur de ſes enfans, Châtelain de Lille, mit oppoſition à une pareille levée d'Aide, ſans donner le titre, qui eſt cependant de la plus grande importance, non-ſeulement pour prouver que, ſuivant la Conſtitution de la Province, le Comte de Flandres n'y pouvoit faire aucune impoſition, ni prendre Aide de deniers, ſur les biens des Sujets des Nobles, ſans le conſentement de leurs Seigneurs; mais encore pour prouver négativement, que dans cette année 1413, le Seigneur de Phalempin n'étoit pas un des quatre Seigneurs Hauts-Juſticiers délégués pour protéger les Habitans de la Campagne, parce que ce n'a été qu'en 1414, que la Nobleſſe a fait le choix de ces quatre Seigneurs, & engagé le Comte de Flandres à accepter cette délégation particuliere & perſonnelle; ayant été appuyée dans cette demande par les repréſentations & ſollicitations du Clergé & du Tiers-État.

Je trouve cette piéce ſi importante, que je penſe qu'il faut la donner toute entiere, ſans en omettre un ſeul mot. La voici telle qu'elle exiſte repoſante en la Chambre des Comptes du Roi à Lille, où elle a été rapportée de la Chambre des Comptes de Bruxelles en 1747, par M. Godefroi, chargé d'en retirer tous les titres qui pouvoient avoir rapport à la France.

Jehan, Duc de Bourgogne, Comte de Flandres, d'Artois & de Bourgogne, Palatin, Seigneur de Salins & de Malines.
» A tous ceux qui ces préſentes Let- «
tres verront : SALUT. Comme notre «
très-cher & très-amé frere le Duc de «
Brabant, pour, au nom, & comme «
ayant le bail, garde & gouvernement «
& adminiſtration de nos très-chers & «
très-amés Nepveux ſes enfans mineurs, «
d'ans & de leurs terres & poſſeſſions, «
ait à notre priere & requête, conſenti «
& accordé que les Sujets de noſdits «
Nepveux ſes enfans, en la Châtellenie «
de Lille, contribuent raiſonnablement «
ſuivant leur puiſſance & faculté à l'ai- «
de à Nous n'agueres octroyé par les «
bonnes gens, Manans & Habitans nos «
Sujets de ladite Châtellenie de Lille, «
pour les grands frais, charges, miſſions «
& dépens qu'il Nous a convenu & «
convient chacun jour ſuporter, tant «
pour la venue de notre très-chiere & «

» très-amée fille la Comteſſe de Charo-
» lois en notre Pays de Flandres, com-
» me autrement ; par ainſi que ce ne
» leur tourne à préjudice ou ſoit trait
» à conſequence, ores ne pour le temps
» avenir ; & que ce qui en ſera impoſé,
» aſſis & levé ſur les Sujets de noſdits
» Nepveux, notredit frere aura, & la
» moitié à ſon profit, & avec ce que, à
» faire l'impôt & aſſiette d'icelui aide
» ſur les Sujets de nos Nepveux deſſuſ-
» dits, ſera appellé & préſent leur Bail-
» lif en icelle Châtellenie , ou un de
» leurs autres Officiers tel qu'il plaira à
» notredit Frere. Sçavoir faiſons : que
» notre entention n'eſt, ne ne voulons
» que leſdits Conſentement & Accord
» ſoient ou puiſſent être traiz à quel-
» conque conſéquence ou préjudice à
» noſdits Frere & Nepveux ou à au-
» cuns d'eux, ores ne pour le temps
» avenir en aucune maniere ; mais vou-
» lons qu'ils demeurent en telles fran-
» chiſes & libertés qu'ils étoient par
» avant ledit Octroye ; & en outre vou-
» lons que de tout ce qui en ſera aſſis,
» cueilli & levé ſur les Sujets d'iceulx,
» nos Nepveux, notredit Frere ait, prei-
» gne & leve la moitié à ſon profit, &

auffi que à faire les impôt & affiette «
devant dit , leurdit Baillif ou autre «
de leurs Officiers de ladite Châtellenie «
de Lille , qui à ce fera ordonné de par «
notredit Frere , foit appellé & préfent «
comme cy-devant eft déclaré. En té- «
moin de ce nous avons fait mettre no- «
tre Scel à ces Préfentes. Donné en no- «
tre Ville de Malines , le xive jour de «
Décembre mil cccc. & treize. *Sur le* «
ply eft écrit, par Monfeigneur le Duc , «
figné, DELABORDE. «

> *Collationné aux Lettres Originales en*
> *parchemin, fcellé d'un Scel en cire*
> *rouge à moitié rompu par vétufté,*
> *pendant à double queue de parche-*
> *min , repofant à la Chambre des*
> *Comptes du Roi à Lille.*

Que nous apprend cette Lettre ? D'a-
bord , c'eft que le Comte de Flandres
a demandé aux bonnes gens, Manans &
Habitans de la Châtellenie de Lille,
une Aide que lefdits Manans lui ont
octroyée ; que *le Duc de Brabant ,* (frere
dudit Comte) en *qualité de Tuteur* de
fes enfans, s'eft oppofé que l'Aide accordée fût payée par les Habitans des
terres que poffédoient fes Pupilles , parce

que ces Habitans font Sujets de fes Pupilles, & qu'ils ne peuvent prendre aucun
engagement, ni aider aucun Seigneur,
fans fon confentement.

Ce Prince ne parle pas en faveur des
Sujets des autres Seigneurs, parce qu'il
n'a aucun droit de les commander, ni
de les défendre ; ce qu'il n'auroit pas
manqué de faire, s'il avoit eu alors le
titre, la délégation qui lui a été confiée
un an après, c'eſt-à-dire en 1414. C'eſt
auſſi pourquoi l'appas de la moitié de
l'Aide que lui a cédée le Comte de Flandres fon frere, pour obtenir la levée de
ſon oppoſition, n'a lieu que ſur ce qui
proviendra des Sujets de fes Pupilles ;
tout ainſi que le Baillif ou autre Officier qu'il nommera, ne ſera appellé que
pour voir faire l'Impôt & aſſiette ſur
les Sujets deſdits Pupilles, Neveux du
Comte de Flandres.

*Cinquié-
me Obſer-
vation eſ-
ſentielle.*

C'eſt une obſervation à faire dans vos
Mémoires, parce que la joignant aux
Aveux & Dénombremens des terres de
Phalempin, Ciſoin, Wavrin & Commi-
nes, antérieurs à 1414, dans leſquels
ils ne prenoient pas la qualité de l'un des
quatre Seigneurs Hauts-Juſticiers de la
Châtellenie de Lille ; au lieu que depuis

cette époque ils ont grand foin de mettre à la tête de ces actes de Féaulté, qu'à
caufe de leurfdits Fiefs ils font refpecti-
vement l'un des quatre Seigneurs Hauts-
Jufticiers de la Châtellenie de Lille : cette
différence fixe indubitablement l'époque
de leur création, & fait voir l'abfurdité
de leurs défenfes dans lefquelles ils difent,
Réponfe des Baillifs & Magiftrats, à
l'Expofition, page 79.

» Les Lettres de 1414 confirment un «
ordre ancien d'Affemblée & de Con- «
vocation tout-à-fait femblable à ce qui «
fe pratique encore aujourd'hui. «

Il faut que ces MM. prennent les Juges pour des imbéciles, d'ofer leur préfenter le tiffu de fophifmes, dont ils ont
groffi leur Mémoire ; s'il eft vrai que ces
Lettres de 1414, confirment un Ordre
ancien, qu'ils en donnent feulement une
feule preuve antérieure. Les Magiftrats de
Lille, Douay & Orchies ont des Regif-
tres plus anciens que 1235 ; qu'ils nous
difent ce qui a été pratiqué avant 1414,
une feule Affemblée des quatre États prétendus par leur beau fyftême, une feule Affemblée antérieure à 1414, dans laquelle il
foit parlé des quatre Seigneurs Hauts-Jufticiers, comme uniques Directeurs de la

Châtellenie ; ils allégueront sans doute les incendies , mais ils n'ont perdu aucuns papiers de conséquence , & ils retrouvent tous les titres qui peuvent leur être favorables ; il faut qu'ils aient eu le bonheur de ne perdre que ceux qui pourroient être contre eux.

Je ne m'amuserai point à reprendre tout ce qui a été dit de part & d'autre , il y a eu des fautes essentielles des deux côtés ; les Baillifs & Magistrats se font avoués pendant plus de quarante ans de suite , Tiers - État & État taillable ; ils rejettent ces aveux véritables sur l'imbécillité de leur Greffier : ils auroient dû ajoûter que quarante-sept autres Magistrats des Villes , ou Baillifs qui étoient présens quand on faisoit la lecture de ces Actes , avant que de les délivrer aux Commissaires du Souverain , étoient en même-temps sourds & aveugles pendant cette quarantaine d'années qu'ils avouent.

Ils disent que le Clergé & la Noblesse ont déclaré , qu'ils n'étoient ni Chefs ni Membres des États ; & il est bien vrai que la crainte qu'inspiroit le sanguinaire Duc d'Albe , vous a engagés à équivoquer. Il avoit demandé , en s'adressant aux Députés Protecteurs du

Tiers-

Tiers-État, parce qu'ils fe donnoient le nom d'*État*, le centiéme denier, &c. Vous avez dit que vous n'étiez ni Chef ni Membre. *En fous-entendant* de cet État que vous regardiez comme Tiers-État ou État taillable, ils tâchent de profiter de cette déclaration.

Quoiqu'il en foit, M. de la Monnoie ne compte guéres fur ce qu'il a dit des piéces & des titres des Baillifs & des Magiftrats, non plus que fur tout ce qu'il a dit & imaginé pour détruire le fens naturel de vos preuves ; & on peut dire qu'il ne compte que fur la Capitulation de 1667 ; mais cette Capitulation eft un Acte particulier auquel vous n'avez pas intervenu ; foit que vos Députés ne fuffent pas dans la Ville, ou que le Gouverneur Efpagnol n'ait pas voulu le laiffer fortir : d'ailleurs, ces Députés pouvoient croire que la Ville feroit rendue à la paix aux Efpagnols, comme cela arrive fouvent, lorfque la paix fe fait, & cette réflexion a pu les endormir. Mais cette Capitulation mê-me décele, que la forme ufitée alors, & dont ils demandoient la continuation, étoit fujette à difcuffion, puifqu'ils ne demandent pas que cette forme foit pa-

D

reille à ce qu'elle a été dans tous les temps, mais bien qu'ils la bornent au temps où la Province a été sous l'obéissance de S. M. C. seulement.

Il n'est rien de plus gracieux que de terminer un procès par les articles d'une Capitulation à laquelle la Partie n'est point appellée pour discuter ses droits. Le vainqueur a-t-il bien envie d'avoir jugé ce qu'il ne connoissoit point? Au surplus, cette Capitulation & son homologation ne peuvent avoir plus de force qu'un Arrêt sur Requête. Or, cette Capitulation n'a pas prescrit, supposez qu'elle ait pu le faire; car elle a été citée & examinée lorsque le procès a été repris en 1694; & elle n'avoit que vingt-sept ans d'existence. Ce procès entamé en 1694, a été suspendu par l'Arrêt provisoire du premier Août 1707, dont voici le dispositif. *Sa Majesté étant en son Conseil, a ordonné & ordonne, qu'en attendant le Jugement définitif du Procès d'entre les Parties, &c.* Voilà donc un procès qui n'est pas jugé, mais simplement suspendu jusqu'au Jugement définitif; par conséquent tout est tenu en suspens; & on seroit deux cens ans sans le reprendre, que la Capitulation & tous les autres titres antérieurs & postérieurs qu'on se seroit fait de part & d'autre, ne sçauroient opérer une possession ni une prescription.

De cet Arrêt de 1707, & de la façon dont cette affaire reprend, je conclus qu'il n'y aura jamais d'Arrêt définitif, parce que tout ce qui convient au bien du Souverain, (qui est indivisible de son Peuple) ne convient point à tout le monde. Vous aurez un Arrêt, si les deux Parties le poursuivent également vivement, mais ce sera un Arrêt de Réglement provisionnel, dont personne ne sera content ; cependant les deux Parties chanteront victoire, avec bonne intention de recommencer à la prochaine occasion ; c'est pourquoi j'imagine que le mieux seroit de s'accorder amiablement, & l'accord fait, d'en demander conjointement la prononciation au Souverain.

Dans ce dessein, j'ai étudié cette affaire avec tout le désintéressement possible ; & enfin je crois pouvoir en faire l'histoire au vrai, & indiquer des moyens de conciliation. Il est inutile d'avertir que cette histoire ne sera pas totalement prouvée par des titres incontestables ; il

faudroit pour cela que les Parties vouluſſent confier réciproquement tous leurs
titres. Mais j'eſpere qu'elle ſera ſi vrai-
ſemblable dans ſon tout, & appuyée
de tant de titres dans la plus grande
partie, qu'elle éclairera les Parties ſur la
vérité de leurs droits reſpectifs.

Oudegherſt
Chron. de
Flandres,
Chap. 143.
fol. 238. Ce fut l'an 1305, que les Villes de
Lille & Douay avec leurs dépendances,
furent miſes entre les mains du Roi
Philippe le Bel, pour ſervir de gage de
l'amende qu'avoient encouru les Flamands, & qui ne pourroit excéder la
ſomme de huit cens mille livres ; & ce
fut par Lettres du 11 Juillet 1312,
qu'il paroît que ces Villes furent réſi-
gnées purement & ſimplement au Roi
par le Comte Robert de Flandres :
mais par Lettres du 13 du même mois,
il retient la faculté de les pouvoir ra-
cheter.

Quoiqu'il en ſoit, depuis ce temps
juſqu'à l'an 1413, on ne voit pas qu'il
y ait eu d'Aſſemblée des États en régle.

Premiérement, dans ces temps les
Souverains avoient des Domaines con-
ſidérables, & ils n'avoient d'autre dé-
penſe à faire, que celle de leur Maiſon.
Les Villes étoient confiées à la fidélité

& à la défense des Bourgeois & des Magistrats ; les Souverains n'avoient point de Troupes réglées ; le Ban & l'arriere-Ban composoient leurs armées. Dans ces temps encore, il n'étoit pas question d'Impôt : quand le Souverain ne pouvoit suffire à la dépense, il assembloit les États, & leur demandoit un Aide ; mais les besoins n'étoient point annuels, & les Assemblées des États étoient rares.

Aucune des deux Parties n'a cité d'Assemblée des États depuis l'année 1305 jusqu'à 1414.

Ils citent qu'en 1369, on leva une Taille pour la rançon du Roi Jean ; mais cette Taille ou Aide étoit de droit, il ne falloit pas d'Assemblée des États ; il étoit dû dans trois cas au Seigneur féodal ; lorsque le Seigneur faisoit son fils aîné Chevalier, ou lorsqu'il marioit sa fille aînée, ou pour payer sa rançon lorsqu'il étoit fait prisonnier des ennemis.

Mais en 1413, le Duc Jean de Bourgogne ayant demandé une Aide aux Manans & Habitans de la Campagne, les Seigneurs de Fiefs, c'est-à-dire, les Nobles, se souvinrent que leurs Hommes Cottiers & les Gens assujettis à leur Jusrice en qualité d'Habitans fur leurs Fiefs, ne pouvoient être impofés à aucune Taille par autres que par eux; qu'ils ne pouvoient même point confentir à un Aide ou une Taille par eux-mêmes en faveur du Seigneur fupérieur, fans la permiffion des Seigneurs immédiats, à qui le Seigneur fupérieur avoit dû s'adreffer pour obtenir une Aide à lever fur leurs Sujets.

Voilà le droit qu'avoit reconnu le Duc Jean, par fes Lettres du 14 Décembre 1413, & qui éclaira fans doute les Nobles fur leur véritable droit qu'ils avoient peut-être oublié par l'efpace de plus d'un fiécle, pendant lequel il paroît que le Comte n'avoit pas affemblé les États.

En effet, nous ne voyons pas que depuis l'an 1305, que les Villes & Châtellenies furent entre les mains des Rois de France jufqu'à l'an 1369, que le Roi Charles V. lès rendit au Comte Louis de Male, nos Rois aient convoqué aucune Affemblée qui eut la forme d'Affemblée des États : rendues à ce Prince, il paroît qu'il n'y a pas encore eu d'Affemblée des États, fans doute, faute de raifon pour les affembler; &

que la premiere qu'il y ait eu en forme, a été en 1416, en conséquence de la Convention de 1414, dans laquelle le Prince avoit reconnu les droits de la Noblesse * sur ses Sujets respectifs.

* Ou de chaque Noble sur ses Sujets respectifs.

Comme en 1413 la Flandres Galli-canne appartenoit au même Prince que le reste du Comté de Flandres, c'est-à-dire, la Flandres Flamingante, il est apparent que le Seigneur de Cisoin, premier *Beer* ou Baron de Flandres, qui avoit sa terre près de Lille & dans la Flandres Gallicanne, se sera trouvé dans les Assembiées des Nobles qui vouloient réclamer leurs droits, & que vraisemblablement il leur aura conseillé de demander la même forme qui avoit été pratiquée dans les Assemblées des États-Généraux de la Flandres, avant la rebellion des Villes de Gand, de Bruges & d'Ypres, sous la direction de Jacques d'Artevelde : car depuis ce temps les Beers de Flandres avoient été chassés des États, comme le reste de la Noblesse ; & jusqu'à ce jour le Prince n'a pas encore eu le crédit de les y rétablir ; ou peut-être que du temps des Rois d'Espagne, il aura cessé de le vouloir efficacement.

D iv

Je pense donc que le Baron de Cisoin aura eu grande part à l'Arrangement de 1414 ; & je suis étonné qu'à
la vue de ces Lettres, les Parties n'aient
pas vû clair: Je vais les expliquer dans
le sens qui me paroît le plus naturel.
Voici ce que dit le Prince dans ses Lettres.

*Jehan Duc de Bourgogne, Comte de
Flandres, &c..... Comme nos biens-amés
les Nobles, gens d'Église, bonnes Villes
& Habitans de nos Villes & Châtellenies
de Lille, Douay & Orchies.* Ce sont les
Nobles qui parlent les premiers, comme étant les plus intéressés ; & ils sont
appuyés de Gens d'Église, qui sont intéressés en second, non à cause de leur
état, mais à cause des Fiefs dont ils
sont Seigneurs ; ce qui les engage à entrer pour quelque chose dans la cause
des Nobles. Ils sont encore appuyés *des
bonnes Villes & des Habitans des Villes
& Châtellenies de Lille, Douay & Orchies.* Pourquoi les Villes se joignent-
elles aux Nobles & aux Ecclésiastiques ?
C'est parce que dans un Pays qui a fait
partie d'un Pays d'État, chaque partie
qui en a été séparée par la différence
des dominations, conserve en elle-mê-

me sa part & portion des droits & titres de la Généralité.

Or, les Villes étoient en peine de voir
que le Souverain fît des demandes particulieres & séparées à chacun des trois Ordres, & peut-être à chacune des Villes à
part; ce qui faisoit un véritable renverse-
ment de la constitution & des Loix, non-
seulement de la Généralité de la Flandres,
mais même des Loix & des Titres de la
Généralité de la Monarchie.

C'est-là ce qui a engagé les trois Ordres à se réunir, & en même-temps à
offrir en commun une somme d'argent,
pour que le Prince pût payer une mon-
tre à ses gens d'Armes, pour les mettre
en état d'entrer en campagne, & lui faire
appercevoir par-là qu'il tireroit plus fa-
cilement des secours de ses Sujets réunis
que de ces mêmes Sujets divisés. Ensuite
ces Lettres poursuivent dans un style mal
digeré, qui peut cependant encore s'expliquer.

*Pourvu qu'ils eussent nos Lettres de
reconnoissance que nous ne les poons,
(pouvons) ne devons prendre esdites Châtellenies & ès dépendances d'icelles, ce
n'est du consentement des quatre Hauts-
Justiciers nos Vassaux de ladite Châtel.*

*lenie de Lille, & de la plus grande par-
tie des Nobles d'icelles Châtellenies.* Les
Baillifs concluent de ce ftyle baroque,
& qui fe fent encore de l'ancienne barba-
rie, que ces quatre Hauts - Jufticiers
étoient établis de toute ancienneté ; mais
ils fe contentent de le dire vaguement,
& ils n'en donnent aucune preuve, pas
même la plus petite apparence ; au lieu
que le Clergé & la Nobleffe fourniffent
la preuve négative la plus complette par
les Lettres de 1413, & fpécialement par
les Aveux & Dénombremens des Terres
& Fiefs de Phalempin, de Cifoin, de
Wavrin & de Commines ; que les Seigneurs Hauts - Jufticiers de ces quatre
Fiefs n'avoient aucune prééminence
avant 1414, & que depuis ce temps ils
ont été reconnus fous la qualification
des quatre Hauts-Jufticiers Provinciaux
des États de Lille, comme les quatre
Barons de *Cifoin,* de *Hein,* de *Pamele*
& de *Boulers* ont été reconnus comme
les quatre Beers ou *Barons* Provinciaux
de la Généralité de la Flandres : de-là je
conclus que ç'a été en 1414, & non an-
térieurement, que ces quatre Hauts-Jufticiers ont été créés à la réquifition des
Nobles, appuyés des follicitations du

Clergé & du Tiers-État, pour être à l'inftar les quatre Beers ou *Barons* de Flandres; que ce titre & les fonctions y attachées leurs ont été donnés gratuitement, ou achetés par les trois États, à mille écus par tête; que ce choix agréé par le Prince, eft une délégation qui leur eft perfonnelle & particuliere, & qui ne peut aucunement les autorifer à fubdéléguer.

Je regarde donc les quatre Seigneurs Hauts-Jufticiers de la Châtellenie de Lille, comme repréfentans dans les États de Lille, ce qu'étoient dans les États-Généraux de la Flandres les quatre *Beers* Barons de Flandres, c'eft-à-dire, les Députés ftables & perpétuels de la Noblef-fe : j'efpère que ces Seigneurs voudront bien ne pas méprifer ce titre & le rejetter, car dans ce cas ils ne tiendroient plus à rien. Je démontrerai en fon temps ce qui a pû faire oublier ce titre & à la Province & à ces Seigneurs.

Par les Lettres de 1414, le Prince dit au difpofitif. *Sçavoir faifons ; que nous acertenés de ce, & voulant ufer de bonne foi, recognoiffons que nous ne poons, ne devons affeoir, ne prendre Aide de deniers fur les Manans & Habitans efdites*

Châtellenies, ores ne pour le temps à venir, se n'est par le gré & consentement desdits quatre Seigneurs Haut-Justiciers, étant de ce d'accord ensemble, c'est à sçavoir, le Châtelin de Lille, le Seigneur de Ciföin, le Seigneur de Wavrin, & le Seigneur de Commines, appellés les Nobles desdites Châtellenies de Lille, Douay & Orchies, ou la plus grande partie d'iceux, &c.

Dès que nous reconnoiſſons, comme je n'en doute point, que ces quatre Seigneurs Hauts-Justiciers ſont des Députés ſtables & perpétuels que nous avons choiſis, que nous avons préſentés & demandés au Prince, qui les a reconnus en cette qualité, tout eſt dit, le principal du Procès eſt terminé; le Prince faiſoit ſes demandes au Clergé, à la Nobleſſe qui étoient appellés, ayant les quatre Députés ſtables à ſa tête, & qui ayant délibéré à la pluralité des voix, faiſoit ſigner & porter ſa Délibération, c'eſt-à-dire, ſon conſentement par ſeſdits quatre Députés ſtables; de même que les Magiſtrats des Villes, parlant pour le Tiers-État qu'ils repréſentoient, députoient ſouvent les Chefs de leur Compagnie pour porter leur conſente-

ment conjointement avec les deux premiers Ordres.

Cet arrangement n'eft-il pas plus naturel que celui des Baillifs, qui difent
à la page 71 de leur Réponfe à l'*Expofition*, *que tout le pouvoir de délibérer &*
d'accorder les Aides réfide pour les Châ-
tellenies dans les quatre Seigneurs Hauts-
Jufticiers..... comme portent les Lettres de
1414, *& qu'il faut enfuite appeller les*
Nobles, apparemment pour les tourner
en ridicule ; *en effet*, *puifque tout eft fait*,
il eft inutile de les appeller, *à moins que*
ce foit par dérifion ; car ce qu'il dit que
c'eft pour les engager à contribuer eft
tout-à-fait imaginé.

Dans la plainte que faifoient les Nobles, & non *les Hauts-Jufticiers*, qui tou-
choient au moment de leur création,
mais qui n'étoient pas encore créés, les
Nobles ne fe plaignoient pas que le
Prince eût voulu lever une Aide fur les
Nobles ni fur le Clergé, mais ils demandoient qu'il avouât de bonne foi &
qu'il déclarât, qu'il ne pouvoit prendre
Aide de deniers fur les Manans & Habitans de la Campagne, fans le confentement des quatre Hauts-Jufticiers,
(qu'ils venoient de lui préfenter com-

me *leurs Députés perpétuels , appellés les Nobles , ou la plus grande partie d'iceux.*) Ces mots ne peuvent être interprétés autrement que , apportant les confentemens de tous ou au moins de la plus grande partie des Nobles qui y auront été tous appellés : ce qui fera réputé le confentement de tous.

Or , le difpofitif de ces Lettres a ftatué fur la demande qu'il a accordée en plein.

Si vous voulez toujours rencontrer les interprétations que les Baillifs donnent à ces Lettres , vous ne finirez point ; leurs interprétations font trop fophyftiquées pour que les Juges n'en apperçoivent pas l'abfurdité qui faute aux yeux.

Ce qu'il y a de vrai , c'eft qu'à quelques entreprifes prés qui ont été réprimées par les Lettres de non-préjudice de 1429 ; c'eft , dis-je , que l'Affemblée des trois Ordres a eu lieu depuis ce temps , jufqu'au commencement du Regne de l'Empereur Charles V. fauf quelques occafions où le Souverain a fait fes demandes aux Magiftrats des Villes en particulier , au lieu de les faire aux États , qui ne peuvent porter le titre d'*État*, s'ils ne font complets, c'eft-à-dire, compofés des trois Ordres réunis.

Le concours des Nobles dans les délibérations de la Noblefle qui devoit être préfidée par les Hauts-Jufticiers, fes Députés ftables, eft vérifié par l'Arrêt du Parlement de Paris de 1449. Il eft vrai que les Baillifs tâchent de le décréditer à la page 117 de leur Réponfe, fur ce que c'eft le fait d'un tiers, & que les vûs d'Arrêts font dreffés par des Commis ou de minces Praticiens.

Il eft bon d'obferver, que c'eft parce que c'eft le fait d'un tiers, que cet Arrêt eft un témoin non-fufpect : fi les Baillfs l'avoient fait, ils y auroient peut-être entendu fineffe. Ce qu'ils ajoûtent que le Sr. de Noielle étoit noble de race, ce qui a été la caufe qu'il a été déchargé, & ce qui ne feroit pas arrivé, s'il n'avoit pas été Noble ; parce que la fomme qu'avoient accordée les quatre Hauts-Jufticiers & les Nobles, à prendre fur leurs Sujets, n'étoit point impofable fur les Nobles, qui n'avoient rien accordé fur eux-mêmes, mais bien fur leurs Sujets. Cette réponfe ridicule des Baillifs les confond. On foutenoit que M. de Noielle n'étoit point Noble, c'eſt pourquoi on vouloit l'impoſer. Ce n'eſt pas ce qui fait objet aujour‑d'hui ; mais bien, parce que cet Arrêt prouve que tous les Nobles avoient été appellés néceſſaires, pour pouvoir im‑poſer les Manans & Habitans Roturiers de la Châtellenie.

Ils tâchent d'éluder ſur l'obligation où on étoit de rendre tous les Comp‑tes des Villes & Châtellenies pardevant la Chambre des Comptes, & ſur l'obli‑gation de faire régler l'aſſiette par les Officiers de cette Chambre. Il leur eſt beaucoup plus commode d'ordonner de régler ces quotités, & de ſe rendre compte de leur geſtion ; cela abrége tou‑tes difficultés.

Cependant les Ordres du Clergé & de la Nobleſſe, ainſi que les Hauts‑Juſticiers, à qui, en qualité de Dépu‑tés ſtables, on avoit ſans doute confié la manutention de l'exécution de ce qui étoit ſtatué dans l'Aſſemblée de la No‑bleſſe, comme ſecond Ordre néceſſaire, n'avoient ni Greffier, ni Conſeiller‑Pen‑ſionnaire : en effet, un Conſeiller ‑ Pen‑ſionnaire eſt fort peu utile à un Corps qui n'a pas de Juriſdiction contentieu‑ſe ; quand au Greffier, le Procureur‑
Syndic

Syndic * de la Ville de Lille en fervoit ,
foit dans l'Affemblée des États , foit dans
l'Affemblée des Députés Ordinaires des
États dans la Chambre Commune.

* Suppo-
fez que cet
Officier fut
déja créé.

Cependant comme les Hauts - Jufticiers pouvoient avoir quelques affaires
particulieres à leur Députation , il eft
apparent qu'ils faifoient venir un de
leurs Baillifs pour tenir la plume. Cela
paroît même des écritures produites au
Procès ; & que le Prince avoit confenti
quelquefois que les deniers d'Aides que
les États lui avoient accordés , fuffent
levés par tantôt l'un & tantôt l'autre de
ces Baillifs , lefquels fans doute offroient
d'en faire la recette à meilleur marché que
les Prépofés des Commis des Finances.

Delà il a dû arriver que les Hauts-
Jufticiers aimoient bien que leurs Baillifs fiffent tout le travail, parce qu'ils
en étoient les maîtres ; ce qui les a engagés à les fouffrir, peut-être même à
les appeller dans leurs Affemblées : & il
ne feroit pas étonnant, que pour être
moins affujettis au travail, ils feroient convenus qu'un feul d'eux fuffiroit à la tête
de leurs Baillifs , * pour diriger ou fim-

* Cela fe vérifie par l'Obfervation faite par M.
Godefroy, qu'à caufe des Aides accordés en 1444,

plement autorifer les opérations des Baillifs par fa préfence, comme font aujourd'hui très - fréquemment (principalement pendant l'Été) les quatre Baillifs, dont un feul fe trouve à leur Affemblée quotidienne, pour préfider & autorifer leur Greffier & leurs deux Confeillers-Penfionnaires.

Pardeffus ces quatre Seigneurs Hauts-Jufticiers, que je regarde comme les Députés ftables & perpétuels de la Nobleffe, il y avoit encore deux Députés Triennaux du Corps du Clergé, & deux du Corps de la Nobleffe, dont les fonctions étoient d'affifter à l'Audition des Comptes, comme Contradicteurs, * fi contradiction pouvoit écheoir ; car les Officiers de la Chambre des Comptes étoient les Juges du Compte: fonction qui eft aujourd'hui attribuée au Commiffaire

* Ces Députés triennaux font encores appeller à certain comptes réduits à ceux où leurs Corps contribuent perfonnellement.

1445, 1448 & 1450, le Duc de Bourgogne accordoit au Châtelain de Lille deux cens cinquante florins, & que la Chambre des Comptes qui mandoit les quatre Baillifs, leur donnoit à chacun trente florins pour leurs journées. Le Seigneur de Phalempin préfidoit apparemment feul ces quatre années-là, puifque feul il reçoit une gratification du Prince. Quoiqu'il en foit, le Seigneur Haut-Jufticier qui préfidoit au travail des Baillifs, ne faifoit qu'exécuter la Délibération du Clergé & de la Nobleffe à l'égard de leurs Sujets refpectifs.

Départi ; mais on a eu grand soin d'écarter les Contradicteurs naturels, parce que cela rend les Comptes plus liquides.

Il paroît encore que ces Députés Triennaux étoient employés aux Députations extérieures, & qu'ils se rendoient aux Assemblées de la Chambre Commune des premiers Vendredis de chaque mois ; dans lesquelles Assemblées on leur expliquoit tout ce qui s'étoit passé penant le mois, & ces Assemblées s'appelloient *les Plaids*. Il est bon d'obserer que ces Plaids qui se tiennent encore es premiers Vendredis de chaque mois ont dérivés en pure cérémonie, pour lesquels Plaids on paie à ces Députés, chacun trois florins pour leurs droits e présence.

A la page 117 de leur Réponse, les Baillifs disent : *La remarque sur la Chambre des Comptes est du même poids. Si les Officiers de cette Chambre participoient à l'assiette des Aides, pour l'intérêt du Prince ; ils ne la faisoient point seuls, les Baillifs y intervenoient avec eux pour l'intérêt du Pays.*

S'ils avoient été de bonne foi, ils auroient ajoûté, que les Députés du Clérgé & de la Noblesse y intervenoeint aussi, particuliérement sous les Princes de la Maison de Bourgogne, lorsque quelqu'uns des quatre Seigneurs Hauts-Justiciers y étoient présens.

Enfin on voit de l'Acte d'Inauguration de l'Archiduc Philippe d'Autriche, fils de Maximilien & de Marie de Bourgogne, que dans ce principe du Gouvernement de la Maison d'Autriche, les quatre Hauts-Justiciers étoient encore unis & confondus dans le Corps de la Noblesse; car MM. de Ravestain & de Bevres, Tuteurs, ayant le gouvernement de la personne de M. le Duc Philippe de Bourgogne, étant venu prêter serment aux États de Lille, disent dans les Lettres qu'ils ont données : Sçavoir faisons à tous; *que comme nos très-chiers & spéciaux Seigneurs les Prélats, Nobles, & ceux des Loix des bonnes Villes de Lille, Douay & Orchies, représentans les Gens des trois États des Châtellenies dudit Lille, Douay & Orchies, pour ce Assemblés, ayent..... fait serment à icelui Prince...... leur Seigneur naturel, &c.* Cet Acte est du 4 Août 1483.

Donc en 1480, les quatre Hauts-Jufticiers étoient encore dans le Corps de la Noblefse, & n'avoient jamais été féparés. On n'appelloit point quatre États qui n'avoient ni Clergé ni Noblefse, parce que ce monftre, qui eft une véritable chimére, n'avoit pas encore été conçu dans la Flandres Gallicanne en 1482. La Noblefse étoit le fecond Ordre *des trois*, qui réunis, formoient les États.

Ce fut le 24 Mars 1482, que l'Archiduc Maximilien écrivoit au Clergé, à la Noblefse & aux Bourguemeftres, Échevins & Gens de Loix des Villes, pour qu'ils vouluffent concourir au Traité qu'il avoit envie de conclure & le ratifier. Ce Traité fut enfin conclu à Arras le 23 Décembre 1482, dans lequel, entre-autres claufes, fut arrêté le mariage de Charles, Dauphin, fils du Roi Louis XI, avec Marguerite d'Autriche, fille de Maximilien. Les États de Lille députerent pour le ratifier de leur part, les Abbés de Marchienne & de Los, pour le Clergé, & les Seigneurs de Lannoy, de Wavrin & de Santes, de la part de la Noblefse, &c.

Ce Traité fut bientôt enfraint ; plufieurs des Articles devinrent impoſſibles : la guerre recommença. Mais il conſte de ce Traité, que le Seigneur de Wavrin étoit encore dans le Pays, puiſqu'il étoit dans le Corps de la Nobleſſe, & ne prétendoit pas faire Corps à part, en ſe mettant à la tête des Manans & Habitans de la Campagne.

Enfin le 14 Décembre 1488, il fut conclu un Traité à Wavrin, pour la neutralité des Ville & Châtellenie de Lille, dans lequel on prit pour baſe le Traité d'Arras du 23 Décembre 1482 ; & il fut ſtipulé que pour la plus grande ſûreté de l'exécution des Articles......

» & en plus grande approbation ſera le
» préſent Traité ſcellé des Sceaux (par
» forme de ratification) *des Abbés &*
» *Chapitres deſdites Ville & Châtelle-*
» *nie,* POUR L'ÉTAT DU CLERGÉ ; de M.
» le Gouverneur...... des quatre Hauts-
» Juſticiers ou de leurs Baillifs ; de M.
» de Lannoy, de M. de Roubaix, M.
» de Santes, M. de Croſille, M. d'É-
» trées, M. de Roſimbois, M. d'Ave-
» lin, (je ne ſçais ſi c'étoit encore Lion
» de Barbanſon ou ſon fils) POUR L'ÉTAT
» DES NOBLES ; des Sceaux deſdites trois

Villes, POUR L'ÉTAT DU PEUPLE & «
Commune : & si fera-t-on ratifier ce «
présent Traité en dedant le premier «
jour de Février prochainement venant «
par, &c..... Fait à Wavrin, par Messire «
Jean de Hames......, Pour les États de «
Lille, par l'Abbé de Los, Messire «
Charles d'Ognies, Chevalier Seigneur «
d'Estrées, Messire Valentin de Bersé, «
Chanoine de S. Pierre, Me. Jean «
Domessent, L. G. de la Gouvernance «
de Lille, Me. Jehan François, Con- «
seiller, Jacques de Landas, Échevin, «
& Mathieu Rimbault, Procureur de «
la Ville de Lille, &c. le 14 Décembre «
1488. « Il n'y a qu'à lire le Traité, dont
la date a été tronquée par les Impri-
meurs, ayant mis par faute d'impression *1448*.

Le même jour le Traité a été ratifié
par les personnes qui y font nommées,
& qui demeurantes à Lille, s'étoient
rendues apparemment au Château de
Wavrin, pour poser leurs Scels à l'Acte
de Ratification, qui de leur part a été
fait dans l'instant suivant.

Apparemment que les quatre Hauts-
Justiciers étoient absens ; c'est pourquoi
la confirmation & ratification desdits

E iv

Hauts - Juſticiers ou de leurs Baillifs,
ayant fait une clauſe du Traité, on a
ſouffert que les Baillifs, qui n'ont point
été nommés par leurs noms propres,
vinſſent poſer les Sceaux de leurs Maîtres dans le rang qu'auroient tenus leurſ-
dits Maîtres, s'ils y avoient été.

Remarque eſſentielle. On remarquera que c'eſt la premiere
fois qu'on a appellé les quatre Hauts-
Juſticiers à un Traité, & la premiere
fois que leurs Baillifs ont paru en rang
avec les Nobles ; mais c'étoit par clauſe
exprès d'un Traité de neutralité fait avec
un Prince avec qui on étoit en guerre,
& cette clauſe avoit peut-être été ame-
née par les ſollicitations ſecrettes deſdits
Baillifs, qui auroient bien pû faire entendre ſous main au Maréchal d'Eſquer-
des, que cela convenoit pour la plus
grande ſûreté du Traité.

Il n'eſt pas douteux que les trois États
ont ſubſiſté pendant toute la vie de
Philippe le Bel, Archiduc d'Autriche,
devenu Roi de Caſtille, du chef de
Jeanne ſon épouſe ; mais ce Prince eſt
mort en Eſpagne à Burgos, l'an 1506,
le 25 Septembre.

Une choſe qui ſeroit peut-être importante, ſeroit de voir l'Acte d'Inau-

guration de son fils Charles d'Autriche,
devenu depuis Empereur sous le nom
de Charles V. Nous découvririons là,
si les Hauts - Justiciers ou leurs Baillifs
y ont paru ; ce qu'il y a de certain,
c'est que les Nobles qui ont produit
l'Acte d'Inauguration de Philippe le Bel
que je viens de citer, n'ont pas celui de
Charles V. Cela n'est pas étonnant ; un
Greffe ambulant qui est chez le Greffier,
& change de maison & même de famille, est exposé à la perte, ou au moins
à l'égarement de bien des titres : mais
sûrement les Magistrats de Lille pourroient le donner s'ils le vouloient efficacement. Je ne dirai pas la même chose
des Baillifs ; car comme vraisemblablement ils n'y ont pas été présens, il se
pourroit très - bien qu'ils ne l'eussent
point.

Le Régne de Charles V. a été le temps
où les Baillifs ont commencé de paroître, & se sont élevés avec beaucoup de
rapidité.

Charles-Quint a commencé à regner,
comme Comte de Flandres, à la mort
de Philippe le Bel son pere, arrivée le
25 Septembre 1506.

Dans ce temps-là étoit Châtelain de

Lille & Seigneur de Phalempin , Charles
de Bourbon , premier Duc de Vendofme, héritier de Marie de Luxembourg,
Comteffe de St. Pol , & Châtelaine de
Lille fa mere, lequel étoit abfent, n'é-
tant pas regnicole. Ce Prince eut pour
fucceffeur à fa mort arrivée en 1537, Antoine de Bourbon , Duc de Vendofme,
Châtelain de Lille , (& Roi de Navarre
à caufe de fa femme) qui n'a pas plus
habité la Châtellenie de Lille. On ne
dira pas où demeuroient les trois autres
Hauts-Jufticiers dont l'Hiftoire n'a pas
parlé ; mais ils s'étoient abfentés dès l'an
1488 , comme vous avez vû par le Traité
de Wavrin, où leurs Baillifs avoient ap-
portés leurs Scels. Il eft très-apparent que
depuis ce temps-là aucun d'eux n'a re-
paru dans le Pays , & c'eft très-vraifem-
blablement ce qui a occafionné le boul-
verfement de l'Ordre des États de la
Province.

Les Seigneurs Hauts - Jufticiers s'é-
toient fervi de leurs Baillifs qui étoient
leurs Officiers domeftiques, lefquels écri-
voient & étoient fous leur direction en
poffeffion de l'exécution des Délibérations
des États , & finguliérement de ce qui
avoit rapport à l'Ordre de la Nobleffe.

Lorfque les Seigneurs fe font abfentés, d'abord avec apparence de retour prochain, leurs Baillifs ont continué de travailler en leurs noms, fans qu'on y fit attention: enfin, lorfqu'il s'eft préfenté une Affemblée d'Etats ou du Corps de la Nobleffe, ils fe font préfentés; & il eft tout naturel de croire que les Nobles n'auront pas voulu recevoir dans leur Affemblée des gens qui non-feulement n'étoient pas Nobles, mais qui même n'étoient pas libres, puifqu'ils étoient en fervice de leurs Seigneurs.

Cette raifon eft d'autant plus apparente, que le Magiftrat de Lille, qui eft compofé quant aux Échevins, Confeil ou *Jurés* & Prudhommes, de Nobles, de Bourgeois vivant noblement, & de Négocians, lefquels font tous gens libres & chargés de repréfenter le Tiers-État qui eft franc & libre; le Magiftrat, dis-je, ne reçoit aucun Baillif dans fon Corps, à quelque Seigneur qu'il puiffe appartenir, & quelque confidérable que puiffe être le Bourg ou même la Ville dont il pourroit être Baillif. En 1730, le Sieur Jacquery, qui eft d'une famille honorable, ancienne & bien alliée, qui avoit dans ce temps des parens de fon nom

Obferva-tion. Que le Magiftrat de Lille ne reçoit point de Baillifs dans fon Corps.

Confeillers dans le Parlement, fut re-
jetté par les Échevins, parce qu'il étoit
Baillif de la Ville de Seclin; mais ayant
paru & abdiqué dans l'inftant ce Baillage, au moyen de cette abdication,
il avoit repris fon état de liberté; les
Échevins l'ont accepté, & depuis il a
toujours continué d'être dans la Magif-
trature.

Que des gens plus avides que délicats
fur le véritable point d'honneur, n'ail-
lent point nous citer la grandeur & le
rang que leurs maîtres tiennent dans le
monde; un Baillif eft toujours un Officier de Seigneur; par conféquent l'État
de Baillif eft toujours une domefticité
& une fervitude. *

Au moment que les Seigneurs fe font
abfentés de la Province, fi les Députés
de la Nobleffe aux Comptes avoient été
un peu inftruits, ils auroient affemblé
le Corps, & on auroit pourvû par une
bonne délibération, à ôter toute régie
aux Baillifs; & le Clergé & le Tiers-
État, c'eft-à-dire, les Magiftrats qui le

* *Nota.* Que lorfque quelqu'un des Seigneurs Hauts-
Jufticiers eft dans le cas d'un deuil drapé, il ordonne
à fon Baillif de porter le deuil qu'il lui paye comme
au refte de fa Maifon.

repréfentent, fe feroient fans doute joints
à la Nobleffe, pour ne pas recevoir un
quatriéme Ordre purement domeftique,
qui dégrade par fa préfence les trois autres.

Je veux croire que les quatre Hauts-
Jufticiers, à l'inftigation de leurs Baillifs, euffent voulu foutenir, comme ils
font actuellement, qu'ils avoient droit de
fe faire repréfenter ; mais on leur auroit
répondu, que lorfqu'en 1414 la Nobleffe a demandé au Prince, qu'il vou-
lût reconnoître le caractère de quatre
Hauts-Jufticiers qu'elle avoit choifis &
délégués pour être fes Députés ftables à
l'inftar des quatre Beers de Flandres, ce
que le Prince avoit accordé, cette Délégation leur étoit perfonnelle ; que la
Requête des Nobles & les Lettres de
reconnoiffance du Prince ne leur accordoient point le droit de fubdéléguer &
de fe faire repréfenter ; que par conféquent ils devoient être appellés pour
faire les fonctions honorables pour lefquelles ils avoient été inftitués ; mais que
s'ils ne venoient pas perfonnellement,
on devroit les marquer abfens, fans recevoir aucun Procureur ou Répréfen-
tant de leur part, parce qu'il eft reconu

de tout temps en Juftice, qu'un Délé-
gué n'a pas le pouvoir de fubdéléguer
& citer la réponfe du Parlement de Paris au Roi Charles VII. que je répéte. La
demande étoit : *Si les Envoyés de ceux*
qui ne viendroient pas , doivent être reçus
à opiner avec les Préfens ? Et le Parlement répond : *que tous Pairs doivent être*
appellés , que s'ils viennent , ils doivent
affifter au Jugement ; que les Envoyés n'y
doivent point être admis.

Les quatre Seigneurs Hauts-Jufticiers
ne peuvent avoir droit de régir & d'im-
pofer les Manans & Habitans de la Campagne , fujets des Seigneurs des autres
Fiefs de la Châtellenie , qu'en exécution de la délibération des autres Seigneurs Nobles , ou de la plus grande partie d'iceux , & cela en conféquence de la
délégation faite de leurs perfonnes , &
ils ne peuvent communiquer ce droit à
un Procureur fpécial ou à un Subdélé-
gué. D'ailleurs pour ne laiffer aucune
équivoque , il eft bon d'obferver qu'il
eft néceffaire d'appeller chaque fois les
Nobles; *appellés les Nobles* , parce que
chaque objet doit être confenti & confenti chaque fois.

Il eft donc palpable que la diffention

qui s'eft mife dans les États de Lille ne
provient que de ce que le Clergé & les Nobles n'auront pas voulu être condoyés par
les Baillifs en s'affemblant avec eux ; que
ceux-ci fentant le mépris qu'on faifoit
de leurs perfonnes, ont fait entendre à
leurs maîtres, que c'étoit à leur titre qu'on
en vouloit : que les Nobles au lieu de
fe pourvoir juridiquement auront bou-
dés, en fe contentant de ne vouloir point
paroître en des Affemblées où les Baillifs prétendoient repréfenter leurs Maîtres : cependant le Prince avoit befoin
d'Aides, ils s'offroient & accordoient
très-libéralement ; ils étoient poffeffeurs
des cahiers d'Aides, qui étoient nommés Lettres de Tranfport : la Nobleffe
fe plaignoit de temps à autre, on pro-
mettoit d'examiner, mais pendant la difcuffion il falloit que le fervice fe fît par
provifion, & ils étoient en état de le
faire, parce qu'ils tenoient les cahiers,
& le Prince engageoit les Nobles à fe
taire, en attendant la décifion, fans préjudice de fes droits, qui à la fin étoient
prefque oubliés : mais ce qui a augmenté la puiffance des Baillifs a été la nou-
velle forme introduite pour obliger les
gens fans biens & fans fonds à contri-

buer par le moyen des impofitions fur
les confommations. Il paroit que ça été
de 1490 jufqu'en 1530, que les Baillifs
fe font donnés la liberté de confentir, au
nom des Manans & Habitans du plat
Pays, à la levée de quelques Aides,
mais ces Aides étoient reparties par la
Chambre des Comptes, qui les appelloit
à ce qu'ils difent : la recette étoit fimple,
elle étoit réglée, & il ne pouvoit y avoir
d'excédent, tout étoit compté.

En 1536, l'Empereur Charles V.
ayant demandé une Aide extraordinaire
de deux cent mille florins ; les Baillifs
imaginerent d'y confentir, à condition
qu'ils pourroient lever cette fomme par
des impôts fur les Vins & Bierres : cela
étoit plus fufceptible d'excédent pour
les néceffités imprévues ; mais pour cela
il falloit fe fouftraire aux yeux des Juges
Ordinaires ; fous le prétexte de la lon-
gueur & des formes de la Juftice, on
demanda à l'Empereur Charles - Quint
des Juges Extraordinaires & délégués
ad hoc.

Voici les Lettres - Patentes.

Charles par la Divine Clémence, Empereur des Romains, &c. SALUT : » Comme

me pour faire obferver l'Ordonnance «
par Nous faite, touchant le nouvel «
Impôt de Lille, Douay & Orchies, «
mêmement au plat Pays, Nous avons «
entre autres chofes par nos Lettres-Pa- «
tentes en date du 22 Juillet dernier paf- «
fé, octroyé & accordé aux Hauts-Jufti- «
ciers & ceux des Villes & Châtellenies «
dudit Lille, Douay & Orchies, que à «
leur nomination Nous commetterions «
& déléguerions aucuns bons perfonna- «
ges idoines & entendus en fait de juftice, «
pour connoître & avoir la judicature «
audit plat Pays, des débats & différens «
qui y pourroient fourdre à raifon du- «
dit Impôt : & en fuivant ce, Nous ayant «
les Haut-Jufticiers & Villes dénommés «
Maîtres Michel Tacquet, Rogier Hau- «
gouwart, & Jacques de Landas, comme «
perfonnages qu'ils tiennent à ce quali- «
fiés. Sçavoir faifons : que confidéré, & «
pour la bonne relation que faite Nous «
a été des deffus-nommés, M^e. Michel «
Tacquet, Rogier Haugouwart & Jac- «
ques de Landas, & de leur fens, pru- «
dence & expérience en fait de juftice : «
Nous iceux confiant à plein, de leur «
haute & bonne diligence, avons com- «
mis, ordonné & établi, comme Nous «

F

» ordonnons & établiſſons par ces Pré-
» ſentes , en leur donnant & à chacun
» d'eux plein pouvoir, autorité & man-
» dement ſpécial , pour doreſnavant , du-
» rant le temps que ledit Impôt ſe le-
» vera , tenir chacun Vendredi du matin ,
» & illecq connoître des débats, différents
» & difficultés qui pourroient ſourdre ,
» pour raiſon des payemens de chacun
» Impôt ; y rendre leurs ſentences & ap-
» pointemens , iceux faire mettre à exé-
» cution & pardeſſus les amendes con-
» tenues en noſdites Lettres d'Octroy ;
» punir arbitrairement les Délinquants,
» ſelon l'exigence des cas & mézus ; &
» au ſurplus , faire tout ce que bons &
» droits Juges ſont tenus & doivent faire ,
» à tels gages & ſalaires que leſdits États
» leur tauxeront , & même d'être acqui-
» tez & déchargez de tous domages &
» intéreſts , tant de procès que autres ,
» que à cette cauſe pourroit ſurvenir
» par appellation ou autrement , ſelon
» noſdites Lettres d'Octroy. Sur quoy &
» de ſoy bien & leaument conduire ils
» ſeront tenus faire le ſerment pertinent
» ès mains de notre Gouverneur de Lille,
» ou ſon Lieutenant, que commettons à
» ce , & lui mandons que reçu deſdits

Michel Tacquet , Rogier Haugouwart "
& Jacques de Landas , le ferment , "
ils mettent en poffeffion dudit état "
de Juge & d'icelui, tels & tous autres "
nos Jufticiers & Officiers, en ce que "
regardera, les faffent, fouffrent & laif- "
fent pleinement & paifiblement jouir & "
ufer, & leur prêtent, fi befoin eft, aide "
& affiftance ; car ainfi Nous plaît-il. En "
témoin de ce, Nous avons fait mettre "
notre Scel à ces Préfentes , données en "
notre Ville de Bruxelles , le dix-feptié- "
me jour d'Aouft, l'an de grace 1542 , "
de notre Empire le xxIII. & de nos "
Regnes de Caftille & autres , le xxvII. "

C'eft de ces Juges délégués que les
Baillifs ont fait leurs Confeillers - Penfionnaires. Ces Offices ont été d'abord
courus ; car outre les bons honoraires
qu'ils recevoient , ils avoient la perfpec-
tive d'être bientôt annoblis par Lettres
du Prince, enfuite leurs enfans devenoient
Baillifs ; c'étoit alors qu'ils devenoient ri-
ches , & qu'ils obtenoient tous les titres
d'honneur qu'ils pouvoient defirer.

*Comme tout groffit quand c'eft aux dé-
pens du Public !* Nous avons vû que les
quatre Hauts-Jufticiers, qui étoient des
Nobles diftingués , n'avoient aucun Offi-

cier, ni Greffier, ni Conseiller-Penſionnaire. Leurs Baillifs ne ſont pas plutôt parvenus à les repréſenter, qu'il leur faut des Officiers; & depuis ils ont créé tant d'autres Officiers, que dans une Requête ils ont dit, qu'ils en avoient juſqu'à ſept cens; & cela a plutôt augmenté que diminué depuis ce temps.

Pendant le Regne de l'Empereur Charles V. les Baillifs ont tenté pluſieurs fois d'impoſer le Clergé & la Nobleſſe; ils avoient même fait gliſſer dans pluſieurs de leurs Octrois, que tous les Habitans Nobles, privilégiés ou non privilégiés y ſeroient compris: mais ſur les plaintes des deux Ordres, ces clauſes ont été révoquées chaque fois. * Nous paſſerons au-deſſus de toutes ces tracaſſeries, qui n'étoient que la vengeance du peu d'état que les Nobles faiſoient d'eux. Tant il eſt vrai que la paſſion ne raiſonne plus! les Baillifs deſiroient, ils butoient à être

---

* Voyez les Lettres-Patentes du 21 Avril 1537, par leſquelles l'Empereur déclare, que les quatre Hauts-Juſticiers n'ont pû, ni dû comprendre les Eccléſiaſtiques, &c. & le pareil à l'égard des Nobles: & ordonne que deux Députés des Nobles ſeront préſens à l'Audition des Comptes, des frais & miſes qui ſe feront pour la Collection des 20000 florins.

Voyez le Mémoire ſigné de M₉. *Godefroy*, Avocat, page 14.

annoblis, & ils faifoient tout ce qu'ils pouvoient pour détruire les droits & les titres de la Noblefse ; ils travailloient donc à détruire l'état qu'ils cherchoient à procurer à leurs enfans & defcendans.

Toutes les infractions du droit du titre du Clergé & de la Noblefse, dont ils font un ample étalage pour prouver leurs droits, eft précifément ce qui fait la matiere des plaintes des deux Ordres ; ainfi ils veulent prouver leurs droits par les abus & les entreprifes dont on fe plaint, & qui font les motifs de la plainte.

Paffons à l'abdication que l'Empereur Charles-Quint fit de fa Souveraineté des Pays-Bas, en faveur de Philippe II. fon fils unique. Cette cérémonie dont la relation authentique ne m'eft pas encore parvenue, eft tout-à-fait finguliere, & ne reffemble à aucune des Inaugurations précédentes. C'eft la premiere cérémonie dans laquelle les Hauts-Jufticiers même, & fur tout leurs Baillifs, aient paru, foit en qualité de Députés ou autrement. Voici comme les Baillifs la donnent & s'y qualifient. *

,, L'une des actions qui ont fait le " plus de bruit dans le monde, eft celle "

* Mémoire contenant les faits, *page* 43.

F iij

„ de Charles V. lorfqu'il s'eſt démis de
„ ſes États, en faveur de Philippe II.
„ ſon fils. La cérémonie ſe fit à Bruxel-
„ les le 25 d'Octobre 1555...... *Les qua-*
„ *tre Seigneurs Hauts - Juſticiers & les*
„ *Magiſtrats de Lille, Douay & Or-*
„ *chies, y envoyerent leurs Députés, &*
„ *ces mêmes Députés eurent l'honneur*
„ *d'accepter la Ceſſion*, pour le regard
„ des Ville & Châtellenie de Lille, &
„ le lendemain 26, de recevoir le Ser-
„ ment de Philippe II. & de lui jurer
„ fidélité féparément, & auparavant les
„ Eccléſiaſtiques & Nobles. „

Obſerva-
tion. Ser-
ment le 26
d'Octobre
1555. Acte
de Rela-
tion expé-
dié le 25
Juill. 1557.
21 mois a-
près.

Comme c'étoit la premiere fois que
les Bailiifs avoient eu l'honneur de paroître en pareille Aſſemblée, ils ont cru
devoir s'en faire un titre : ils ont mis
tout le temps néceſſaire pour le compo-
ſer le plus avantageux poſſible ; car ce
n'a été que près de deux ans après,
c'eſt-à-dire, le 25 Juillet 1557, qu'il a
été expédié : en l'examinant, on ne peut
douter que ce ſoit un titre ſurpris. Le
voici tel qu'ils l'ont donné.

„ Philippe, par la grace de Dieu, &c....
„ promettons & jurons à vous les Dé-
„ putés des États deſdites Châtellenies &
„ Villes de Lille, Douay & Orchies.....

& icelui Serment par Nous fait, ont "
au même inftant fait Serment récipro- "
que, tel que s'enfuit; "

„ Nous, Julien Graudin, Sr. de la "
Tenarderie, Lieutenant - Général de "
Meffire Fery de Carondelet, Baillif- "
Général de la Châtellenie de Lille, "
Cour & Halle de Phalempin; Jacques "
de Landas, Ecuyer Sr. de Wanchain, "
Baillif de la Baronie de Cifoin; Jean "
Baillet, Baillif de la Terre & Baro- "
nie de Wavrin; Pierre de Pontrevrart, "
Ecuyer, Baillif de la Baronie de Com- "
mines; enfuite les Magiftrats des Vil- "
les...... repréfentans par ordre les États "
des Châtellenies & Villes de Lille, "
Douay & Orchies. "

Il eft vrai, comme dit l'Expofition
page 65, que dans cette occafion les
Baillifs fe font donnés des titres, dont
l'abfurdité faute aux yeux; car bien loin
que le Baillif de Phalempin foit Baillif-
Général de la Châtellenie, il n'a de Jurifdiction que dans fon Village, lequel
ainfi que lui, eft fous la Jurifdiction du
Baillif de Lille: auffi rien n'a plus piqué
ces MM. que la réflexion qu'en a fait
l'Avocat, en badinant.

Quoiqu'il en foit, les trois autres

Baillifs ont reconnu qu'ils avoient fait
deux fautes dans cet Acte, 1°. d'avoir
souffert que le Lieutenant du Baillif de
Phalempin parût à leur tête : 2°. de lui
avoir fait prendre des titres & qualités
qui rendoient nécessairement ledit Baillif
de Phalempin leur supérieur avec une
grande prééminence. C'est pourquoi vous
remarquez que dans une occasion pareille
arrivée le 25 Août 1598, ils ne se lais-
serent plus accompagner du Baillif, ni
du Lieutenant-Baillif de Phalempin, qui
apparemment né vouloient point renoncer au titre de Général qui leur avoit
été accordé dans l'Acte de 1557. Il n'y
parut que les Baillifs de Cisoin, de Wavrin & de Commines, qui se firent donner le titre de *Grands-Baillifs.* Cela fait

Observa-
tions sur les
Variations.

une des variations qui dénoncent que
leur édification ne porte sur aucun fon-
dement solide, sur aucun titre donné
par le Souverain, avec examen & avec
le consentement & la reconnoissance des
États, des Compagnies, & enfin de la
Généralité à ce assemblés ; comme l'est,
par exemple, l'Acte de Réglement donné aux Magistrats & au Peuple de Lille,
l'an 1235, par la Comtesse Jeanne, qui
dit ; qui a fait publier & afficher ses Let-

trés pour les rendre notoires. „ *Joanna* "
Flandriæ & Hannoniæ Comittiſſa, om- "
nibus præſentes Litteras inſpecturis, Sa- "
lutem in Domino : Noverit Univerſitas "
veſtra quod nos Scabinis, Juratis toti- "
que Communitati Villæ Inſulenſis, pro "
pace & utilitate ejuſdem Villæ, conceſ- "
ſimus & creavimus, de conſenſu & volon- "
tate eorumdem Scabinorum, Juratorum "
totiuſque Communitatis antè dictæ, quod "
Nos & Succeſſores noſtri , &c. "

Par des Lettres pareilles , les Titres ,
les Droits, les Uſages ſont conſtatés &
reconnus irrévocablement , ſur tout lorſ-
qu'ils ont été non-ſeulement publiés ſans
oppoſition formelle (ce qui peut être
équivoque) mais quand ils ont été demandés au Souverain par une Aſſemblée
de toute la Communauté : car les Actes
demandés par les Députés adminiſ-
trans ; par exemple , la Capitulation de
Lille de 1667 , ſans l'Aſſemblée-Générale de la Communauté , ſont ſouvent
ſujet à ſurpriſe.

Quoiqu'il en ſoit , la critique badine
de l'Avocat a affecté les Baillifs , ils ne
conviennent point d'avoir demandé le
titre de *Grand - Baillif ;* ils attribuent
cette qualification à la flatterie ou au

difcernement du Sécrétaire , qui a pu croire que des Gentilshommes qui paroif-
foient au nom & à la place des quatre
Seigneurs les plus diftingués de la Pro-

* Répon-
fe *fol.* 43.

vince &c. * Il eft vrai que les trois Baillifs qui ont paru là , ont pris la qualité
d'*Écuyers* ; ceux de l'Acte précédent n'é-
toient que deux , les deux autres étoient
Roturiers.

A la page 44 de ladite Réponfe , ils
fe plaignent de ce qu'on a dit à la page
25 de l'Expofition , au fujet du Baillif
de Cifoin ; & ils difent que c'étoit Ifem-
bart de Landas , de la plus ancienne Nobleffe de la Province. Il eft vrai qu'il y
a une Maifon de Landas très-connue ;
mais en étoit-il ? Il y a des noms , fur
tout quand ce font des noms de Villes
& de Villages , qui font pris par tous
ceux qui originairement font fortis de
ces Villes & Villages en qualité de Jour-
naliers ; & on n'a qu'à examiner les Re-
giftres & les Enfeignes de tous les Corps
de Métier , on trouvera dans tous des
Ouvriers qui portent non-feulement le
nom de *Landas* , mais encore ceux de
Lannoy , *Duquefnoy* , de *Gand* , de *Wa-*
vrin , de *Marbaix* , &c. dont la litanie
ne finiroit pas , & qui font des noms

appartenans à des Maisons très-Nobles.

Nous avons vû ci plus haut que le Traité de Wavrin a été signé entre les autres par *Jacques de Landas*, Échevin, lequel ne prend pas la qualité d'*Écuyer* : dans le temps que dans le rang des mêmes signatures, M^re. Charles d'Ognies prend le titre de *Chevalier*. Voilà donc un Landas qui n'étoit pas de la Maison Noble de Landas, qui étoit cependant Échevin. Il y a à parier que cet Isembart de Landas n'étoit ni de l'une ni de l'autre de ces deux Maisons & familles, d'autant mieux que le Receveur de Cisoin, qui rend les deux Comptes de cette Terre, desquels il étoit question, se nommoit *Vallerand de Landas*, Office qu'un Landas Noble n'auroit sûrement point accepté quelque pût être sa misere.

En parlant de Cisoin, je crois devoir dire que ç'a été une pratique constante, & qui fait bien de l'honneur à l'illustre Maison de Melun, à qui cette Terre appartenoit, de donner gratuitement & l'Office de Sénéchal de St. Pol, & le Baillage de Cisoin, à leurs Officiers & Receveurs, des services desquels ils étoient contens : un Prince d'Épinoy avoit donné le Baillage de Cifoin au fils du Sr. de Voorde, lequel avoit bien fervi fa Maifon, en qualité de Receveur & de Greffier du Village de Cifoin; & ce fils devenu Baillif, eft devenu Noble & Baron à la mort du dernier de ces deux Barons, qui eft arrivée en 1732 ou 1733, Mlle. de Mailly Duquefnoy ayant écrit à la Princeffe d'Épinoy, Mere-grande du Prince de Soubife, pour qu'-elle voulut faire avoir ce Baillage à M. d'Aimeries; cette Princeffe lui répon-dit, qu'elle avoit demandé & obtenu cette Commiffion pour M. d'Aimeries; que ces Offices avoient toujours été donnés gratuitement par la Maifon de Melun, mais que le Confeil de Tutelle du Prince de Soubife lui avoit dit, que les trois autres Seigneurs Hauts-Jufti-ciers, étant habitués de vendre leur Bail-lage une fomme affez confidérable, il ne pouvoit donner celle-là gratuitement, comme pourroit faire le Prince quand il feroit majeur, parce qu'il ne feroit pas comptable comme étoit le Confeil de Tutelle.

Je paffe au Réglement prononcé par l'Archiduc Albert, le 19 Juin 1616, parce qu'il prouve ce que j'ai dit ci-

deſſus, que je crois que les quatre Seigneurs Hauts-Juſticiers ont été créés à
l'inſtar des quatre *Beers* Barons de Flandres, pour être les Députés ſtables &
perpétuels de la Nobleſſe : délégation
perſonnelle qui n'a pû les autoriſer à
ſubdéléguer ; & j'obſerverai même que
s'ils avoient été autoriſés à ſubdéléguer
par l'Acte de 1414, ce qui n'eſt pas,
les Nobles auroient encore eû droit de
s'oppoſer à ce que cette ſubdélégation
pût être exercée par des Officiers domeſ-
tiques, qui ne jouiſſant point d'une liberté abſolue, n'ont point d'état, &
ne peuvent pas repréſenter le Corps le
plus libre, le plus franc de l'État.

Les Baillifs & Magiſtrats parlent de
ce Prononcé de l'Archiduc, à la page
42 de leur Réponſe à l'Expoſition ; &
ils diſent avec complaiſance, que ce Prononcé *fut exécuté. On peut dire que par-
là le Procès actuel eſt jugé.* Enſuite ré-
pétant les mots de ce Prononcé à la page 113, & pourſuivant à la page 114,
ils ſe plaignent de ce que l'Avocat n'a-
voit pas inféré *les mots ſéparément &
paravant eux :* s'étant contenté de dire
à la page 62 de l'Expoſition : *Le Clergé
& la Nobleſſe furent admis à prêter &*

recevoir le Serment conjointement entre eux & féparément des Baillifs & des Villes : fçavoir : les Députés Eccléfiaſtiques comme repréſentant le Clergé, ceux des Nobles, comme repréſentant, avec LES QUATRE HAUTS-JUSTICIERS, la Nobleſſe de Lille, Douay & Orchies.

Ils ajoûtent après, avec une complaiſance qui à la fin devient douteuſe, ces autres mots : AVEC LES QUATRE HAUTS-JUSTICIERS, SONT MIS POUR CONFONDRE LES BAILLIFS DANS L'ORDRE DE LA NOBLESSE. C'eſt pour l'inſinuer qu'ils diſent dans la période ſuivante : qu'enſuite les mêmes Baillifs ſe ſoient joints à la Nobleſſe pour le Serment de cet Ordre ; CELA EST FORT VRAISEMBLABLE. Je crois pour moi, qu'ils n'auroient oſé le propoſer ; car les Députés du Clergé & de la Nobleſſe, à cette cérémonie, qui paroiſſent avoir été peu inſtruits de leur véritable rang, qui étoit de faire marcher les Tiers-États en avant, comme il ſe pratique à l'Inauguration des Comtes de Flandres à Gand, & dans toutes les Proceſſions du monde, mais qui étoient ſans doute piqués auroient dit : TIREZ, BAILLIFS, LA DÉCISION REGARDE VOS MAITRES. Quoiqu'il en ſoit, ſi les Députés d'alors les avoient soufferts, les Baillifs auroient tenu Regiftre, & n'auroient pas manqué de prétendre la même chofe en 1667.

Pour moi qui ne veux pas qu'on puiffe me reprocher d'avoir changé le texte, je donnerai le Prononcé prefqu'en entier, & enfuite j'en ferai l'analyfe. On verra fi ce Prononcé eft favorable aux Baillifs : mais auparavant il faut parler d'une bevue qu'avoient fait en 1600 les Députés de la Nobleffe, de dreffer un Acte avec les Baillifs ; heureufement que cet Acte, qui portoit en foi la claufe de ratification, n'a point été ratifié dans l'Affemblée des Chevaliers & Nobles, ni revêtu du fceau de l'approbation du Prince.

L'an 1600, les Nobles & les Baillifs des Hauts - Jufticiers avoient apperçu une lueur de lumiere fur leur état. En conféquence de cette lueur, Nobles Hommes Claude de Lannoy, Sr. du Molin, & Pierre de Croix, Sr. Dubus, Députés Ordinaires de la Nobleffe, avoient arrêté un Acte d'Accommodement le 26 Janvier, dans lequel eft dit : *A fçavoir, que lefdits quatre Seigneurs Hauts-Jufticiers & lefdits Chevaliers & Nobles des Villes de Lille & Châtellenie dudit*

Lille, *Douay* & *Orchies*, *ou ceux les représentans*, *ne feront qu'un Corps de Noblesse en l'État de cette Province, pour tout cas qui se pourront présenter*, &c.....

Le reste de l'Acte étoit si favorable aux Baillifs, qui par-là auroient eû un titre réel, que c'est pour cela sans doute que le Corps de la Noblesse n'a pas voulu le ratifier, & que cet Acte n'a pas été présenté au Souverain, pour qu'il y mît le Sceau de son Approbation, sans laquelle tout Traité est nul.

Après cette digression, je rentre dans la difficulté de l'an 1616.

Observations. Les Députés que la Noblesse se choisit, n'ont pas toujours les talents politiques & les lumieres qui seroient nécessaires à leur état : il paroît que ceux de l'an 1616 étoient de ce nombre ; leur prétention de marcher avant le Tiers-État, marque qu'ils n'avoient jamais fait attention *aux Processions* & aux autres marches de cérémonie.

On ne seroit pas étonné que N...... de Robles, Baron de Billy, qui étoit alors Gouverneur de Lille, eût eû part à cette tracasserie. Il avoit déjà trouvé le secret de mettre la division entre la Noblesse & le Peuple de la Province

vince de Frife, où il avoit commandé.
Quoiqu'il en foit , la fauffe démarche
que firent dans cette occafion les Députés du Clergé & de la Nobleffe, a été
favorable à la difcuffion préfente , en ce
que la décifion de l'Archiduc Albert jette
un grand jour fur la vérité que je crois
fermement avoir rencontrée. *Voici le
Prononcé.*

„ Raport fait à fon Alteffe du con- "
tenu de cette Remontrance & Piéces "
y jointes ; icelle admet les Remontrans "
à prêter & recevoir les Sermens y men- "
tionnés, conjoinctement entre eux & "
féparément arriere des Baillifs des qua- "
tre Hauts - Jufticiers & Députés des "
Villes de Lille , Douay & Orchies : à "
fçavoir , les Députés Eccléfiaftiques , "
comme répréfentans le Clergé, & ceux "
des Nobles, comme repréfentans , avec "
les quatre Seigneurs Hauts-Jufticiers, "
la Nobleffe de Lille, Douay & Orchies : "
fans préjudice des droits des Parties au "
principal...... Fait à Marimont , le 18 "
Juin 1616. *Ainfi paraphé* MAS , & "
après *figné*, ALBERT, &c. "

Examinons ce Décret de l'Archiduc
Albert.

Les Députés étoient arrivés à Marimont le 18 Juin 1616, apparemment
dès le matin, pour la cérémonie de la
preſtation des Sermens réciproques, qui
étoit fixée au 19 : il arrive une conteſ-
tation qu'il faut décider par proviſion,
ou faire reſter le Prince & les Députés
pendant le cours d'une procédure qui
paroiſſoit devoir être longue : ſur le
Rapport ſommaire fait à ce Prince, il
diviſe la preſtation des Sermens qui devoit naturellement être faite au nom
des trois États.

Les Magiſtrats ne peuvent repréſenter
que la Communauté Bourgeoiſe, par
conſéquent le Tiers-État. Les Baillifs
ſont des Officiers ruſtiques ou domeſti-
ques de quelques Seigneurs, qui, on ne
ſçait poſitivement comment, ſont parvenus à vouloir repréſenter les Manans
& Habitans de la Campagne, & faire
donc un Ordre de Payſans ; Ordre in-
connu dáns les États-Généraux & Provinciaux de la France. * Enfin ces Baillifs ne ſont rien moins que Nobles de
profeſſion, quand même ils le ſeroient
de naiſſance. Que fait le Prince ? Il les
joint enſemble ; & de l'autre côté il joint
le Clergé avec la Nobleſſe. Mais obſer-

* Cet Or-
dre de Pay-
ſans n'eſt
admis qu'-
en Suéde.

vez les lumieres de ce grand Prince, qui
nous éclaire fur l'idée que j'ai conçue
du vérirable état *des quatre Seigneurs
Hauts-Jufticiers* que je regarde comme
les Députés ftables & perpétuels de la
Nobleffe ; Sçavoir, *les Députés des
Eccléfiaftiques , comme repréfentant le
Clergé , & ceux des Nobles , comme repréfentant , avec les Seigneurs quatre Hauts-
Jufticiers , la Nobleffe de Lille , Douay &
Orchies.* Voilà la véritable décifion &
fur quoi elle porte : le Souverain reçoit
le Serment des trois États par deux opérations. Il reçoit le ferment des Baillifs
& des Députés des Villes fans leur donner le nom de Tiers-État, qu'ils ne peuvent répudier ; mais auffi fans leur donner le nom d'*État* au fingulier , parce
que ce nom tout-à-fait fingulier n'étoit
encore tombé dans l'imagination de perfonne : & il reçoit enfuite le ferment du
Clergé & de la Nobleffe qu'il défigne
par leur titre. Il a grand foin d'exprimer
que les quatre Seigneurs Hauts - Jufticiers , joints perfonnellement avec tous
les autres Nobles , *font le Corps de la
Nobleffe* ; parce que ce font tous Gens
Pairs, tous Gens libres QUI ONT UN
ÉTAT, au lieu que les Baillifs ont mis

leur état de liberté en fufpens, pour tout le temps qu'ils font Officiers de ces Seigneurs. Voilà la raifon pour laquelle l'Archiduc a grand foin de les féparer du Clergé & de la Nobleffe, & de les affocier avec le Tiers-État, qui moins délicat, veut bien les recevoir dans fa compagnie. Quand à ce que difent les Baillifs qu'ils ont prêté le ferment avant le Clergé & la Nobleffe, prétendent-ils par-là que la préféance leur appartienne? Leurs Seigneurs prêtent le ferment avec les Nobles leurs Pairs: ces Baillifs, dis-je, prétendent-ils qu'ils doivent avoir le pas d'honneur, la préféance fur leurs Maîtres? S'ils ont prêté le ferment les premiers, c'eft qu'on a jugé que c'étoit leur rang de Proceffion. La place d'honneur eft celle que tient la perfonne la plus honorable.

Paffons à l'acquifition de la charge de Baillif de Lille.

Cette charge a été achetée des deniers des Habitans de la Campagne. Le Baillif de Lille qui étoit l'Officier du Souverain, étoit trop au-deffus des Baillifs des Seigneurs Hauts-Jufticiers, qui n'avoient aucun grade, aucun titre fupérieur à celui des Baillifs de tous les autres Villages des Châtellenies, pour qu'ils négligeassent de s'en décorer : s'il n'avoit été question que de faire supprimer une charge qui les obscurcissoit par son contraste, le plus simple eût été de faire supprimer l'Office ; mais MM. les Baillifs ne pouvoient se tirer de la parité des autres Baillifs de Village, qu'en s'en décorant comme ils ont fait.

Cependant l'Office de Baillif de Lille est incompatible avec l'entrée & la voix délibérative dans les États, parce que le Baillif de Lille est l'Homme du Comte de Flandres, qui ne peut pas plus assister, être présent, ni voter dans les États, qu'un Procureur - Général, ou autres Gens du Roi, dans l'Assemblée d'un Parlement, où ils n'ont droit d'entrer que pour requérir.

La notice du Comté d'Artois déjà citée, dit à la page 201, des États d'Artois. *On exclud tous les Officiers du Conseil d'Artois qui sont en actuel exercice de leur Office, quand même ils auroient les qualités requises pour y entrer, parce qu'ils n'ont rien de commun avec la Province dans laquelle ils font une classe, & pour ainsi dire, un État à part.* Il auroit dû dire, ou au moins ajoûter ;

parce qu'ils font Officiers du Souverain, & que leur préfence & leurs voix géneroient la liberté des États.

Les Baillifs fe plaignent amérement aux pages 131, 132 & 133 de leur Réponfe à l'Expofition, de ce qui a été dit en détail contre leur geftion & principalement contre leurs Prédéceffeurs; & ils menacent d'en demander & pourfuivre une réparation authentique. Pour rendre votre Mémoire plus odieux, ils ont ramaffé en une feule maffe tous les faits que vous avez cités épars, afin de leur donner un fiel qu'ils n'ont pas : ils les ont taxés de fauffeté ; ils affurent que toute la Province a été indignée, mais cette indignation fuppofée n'a pas paru dans l'extérieur.

Au lieu de ces menaces, il paroît que pour juftifier la mémoire de leurs Prédécefleurs, les Baillifs auroient mieux fait d'appeller en révifion de l'Arrêt du Grand Confeil de Malines du 4 Mai 1650, parce que s'ils peuvent le faire caffer comme calomnieux, tout le monde fera perfuadé, non pas que vos citations foient fauffes, mais que vous les aurez gravées en noir, d'autant qu'il en eft quelques-unes dont la preuve eft difficile à

faire, comme par exemple, d'avoir gagné des Commis à prix d'argent.

Voilà cet Arrêt.

» Vû au Grand Conseil du Roi, no- "
tre Sire, le Procès instruit au Conseil "
Privé, & envoyé en cette Cour pour "
y être fait droit par Lettres de Sa Ma- "
jesté, du premier Juillet 1647, *entre* "
les Baillifs des quatre Hauts-Justiciers "
des Châtellenies de Lille, Douay & Or- "
chies, supplians & rescribans respecti- "
vement d'une part, & *les Rewart,* "
Mahieur & Eschevins, Conseil & huit "
Hommes de la Ville de Lille, rescribans "
& aussi supplians d'autre. Vû aussi la "
Requête présentée audit Conseil Privé "
le 6 Janvier 1647, par les Ecclésiasti- "
ques, les Nobles, Bourgeois & Ma- "
nans de ladite Ville de Lille...... ten- "
dant à se joindre en cause avec lesdits "
du Magistrat...... la COUR avant faire "
droit...... & par provision la Cour *in-* "
terdit aux Parties respectivement de ne "
point divertir les deniers de la Bourse "
commune...... Ordonne qu'aux Comp- "
tes...... sans que les absens *tant desdits* "
Baillifs que des quatre Députés de la " -
Ville, proufiteront quelque chose des "

G iv

» journées efquelles ils ne fe trouveront,
» *& les préfens ne pourront profiter qu'une*
» *journée par jour*, *&c.* « Prononcé à
Malines, le 4 de Mai 1650; *figné*, A.
DESCHIN.

Je le répéte, que les Baillifs & leurs
Affociés commencent par purger la mé‑
moire de leurs Prédéceffeurs, *d'avoir*
divertis les deniers de la Bourfe commu‑
ne, *& d'avoir profité de plus d'une jour‑*
née par jour..

Si cependant ils perfiftoient à vouloir
une réparation, vous feriez obligé de
faire réimprimer à la fuite de votre Mé‑
moire, les Factums que les Magiftrats
des Villes & les Officiers de la Gouver‑
nance ont produits en Juftice contre
MM. les Baillifs.

Ce que je trouve de plus fingulier
dans toutes ces divifions, c'eft de voir
l'union actuelle des Magiftrats avec les
Baillifs, dont ils ont toujours été le
jouet, fur tout depuis que ces derniers
ont engagé les Magiftrats (à force de
tracafferies) à donner les mains à une
féparation des Caiffes communes, qui
a été effectuée en 1653, fous la direc‑
tion du Commis des Finances, nommé
Lotin.

Il m'eſt tombé en main un Manuſcrit curieux commencé en 1664 par un Chanoine de St. Pierre, mort en 1697, lequel avoit été beaucoup employé aux affaires du Chapitre & aux Députations : voici l'extrait qui a rapport à cette féparation des Caiſſes ; c'eſt le réſultat des motifs qui ont été préſentés aux Magiſtrats, pour les y faire conſentir : le voici mot à mot :

RÉSULTAT.

„ En brief qui ſe pourroit ſuivre à « ſortir de communion avec MM. les « Baillifs des quatre Hauts - Juſticiers, « s'il étoit trouvé expédient d'ainſi le « faire. «

1°. Que nous aurions le ſeul & en- « tier gouvernement de toutes les Fi- « nances & biens appartenans à la Vil- « le, ſoit procédans des Impôts & Aſſi- « ſes, comme autrement, pour en payer « nos Aides & Subſides à ratte de noſ- « tre cotte, ſans aucune participation « avec leſdits Bailifs. «

2°. Que par ce moyen n'ayant au- « cun compte à rendre en commun des « deniers communs, nous aſſoupirions « pour l'advenir la difficulté, à préſent «

,, müe d'entre nous & lefdits Baillifs
,, touchant la vifion & examen des
,, comptes & de tous autres titres com-
,, muns, que lefdits Baillifs refufent de
,, nous accorder.

,, 3°. Que par-là feroit affoupie la
,, difficulté fur la Commiffion du Col-
,, lecteur des XXes. du lieu où il le doit
,, commettre & rendre fes comptes.

,, 3°. Que delà en avant nous aurons
,, nos deniers & Finances exemptes des
,, frais exceffifs des Députations, jour-
,, nées & comparitions en la Chambre
,, ditte des États, des frais auffi qu'ils
,, s'y font exceffifs en la rendition des
,, Comptes.

,, 4°. Que par-là nous baillerons à
,, nos Députés Ordinaires, telle régle
,, que nous trouverons convenir, & ce
,, en ne leur payant de nos deniers au-
,, cunes journées & vacations à toutes
,, les fois qu'ils s'affembleront hors Con-
,, clave avec lefdits Baillifs, fans en
,, communiquer au Corps du Magiftrat.

,, 5°. Que par ce moyen nous con-
,, traindrons les Baillifs à venir (com-
,, me du paffé) communiquer les affaires
,, communes de l'État dans le Concla-
,, ve, lieu à ce deftiné; & fi pour les

achever ou mettre en exécution, il fera «
befoin de Députés, députerons. «

6°. Que nous jugerons en matiere «
d'Impoft indifféremment fur nos Bour- «
geois & Manans, & ne faudra de «
noftre part aucun Juge d'Impoft; que «
s'il en étoit befoin, les dénomerons en «
tous cas. «

7°. Que nos deniers & Finances fe- «
ront exempts & affranchis des quittan- «
ces, modérations, dons & préfens, & «
autres profufions & libéralités qui fe «
font & exercent dans laditte Chambre «
à noftre defçu & intéreft. «

8°. Que fuivant ce, fera obvié à «
une infinité d'altercas qui fe rencontrent «
d'entre ceux qui font commis au Bro- «
quin, Fermiers, Prevoft, Huiffiers, «
Avant-Couriers & autres participans «
aux amendes qui fe fourfont en cette «
Ville, & Taille fur les vins & boire «
de grains. «

9°. Que nous aurons à noftre feul «
& fingulier profit tous les Impofts qui «
fe payeroient en cette Ville, & Taille «
fur lefdits grains & boire de grains, «
montant à très-notable fomme, & les «
autres Impofts auffi entrans en la bour- «
fe commune. «

„ 10°. Que de noftre part cefferont les
„ Penfions de MM. les Penfionnaires,
„ Procureur, Greffier, Receveur & Huif-
„ fiers, comme n'en ayant plus de be-
„ foin en cas de défunion, ains lefdits
„ Penfionnaires & Procureur demeure-
„ ront en terme de fimple Députés avec
„ MM. les Mayeur & Cottereau, quand
„ les cas écheant, ils feront de noftre
„ part députés.

„ 11°. Que nous n'aurons rien de
„ commun avec MM. les Eccléfiafti-
„ ques, Chevaliers & Nobles Forains,
„ ains les Baillifs, tant feulement qui
„ payeront leurs journées & Affemblées,
„ & celles de leurs Officiers, s'ils trou-
„ vent bon les joindre.

„ 12°. Que ce ainfi fait & difpofé, &
„ ayant connoiffance de toutes nos Fi-
„ nances, nous pourrons en faire confé-
„ rence, advifer & arbitrer fur les de-
„ mandes des Aydes & Subfides, de quoi
„ jufqu'à préfent nous en advifons, pour
„ ainfi dire, à tafton, & comme des
„ aveugles jugeons des couleurs.

„ 13°. Que par ce moyen nous récu-
„ pérerons les deniers deftinés à la ré-
„ création de ceux du Corps du Ma-
„ giftrat pour les banquets accoutumés;

qui fans être ouys, nous ont été dif- «
traits & mis en la bourfe de nos Dé- «
putés. «

14°· Que le profit qui réfultera de «
ladite réforme, fera plus que fuffifam- «
ment baftant pour fournir à noftre cotte «
en l'exemption des Logemens des gens «
de guerre, & autres frais femblables »
qui pourroient furvenir. «

15°· Et fur-tout ce qui fait à re- «
marquer, c'eft que fortant de commu- «
nion, comme nous pouvons faire par «
commandement aux Fermiers, de ne «
payer dorefnavant le provenu de leurs «
Fermes à autres qu'à noftre Argentier; «
fi d'aventure, comme on peut préfup- «
pofer, il y advienne quelque oppofi- «
tion, nous les rendrons demandeurs là «
où à préfent il nous le convient d'être «
à noftre grand regret. «

16°· En tous cas, fi nous étions «
contraints de continuer en ladite So- «
ciété & Communion, nous propofe- »
rons que ce feroit à charge expreffe «
& non autrement, que pour l'advenir, «
nous aurions infpection des comptes & «
titres communs, lefquels fe rendront «
fans intermiffion, le plus briévement «
& profitablement que faire fe porroit, «

„ à l'intervention de nos Députés Ordi-
„ naires, & autres qui fe dénommeront
„ de chaque bancq, & à charge auffi
„ paravant fortir de ladite Commu-
„ nion, avoir compte & renfeigne du
„ paffé, conformement à notre réqui-
„ fition, qui autrement s'en va en fu-
„ mée. "

Je ne ferai que deux obfervations fur cette piéce : 1°. C'eft que M M. les Baillifs n'ont jamais aimé qu'on vît leurs comptes, même ceux des Impôts qui étoient deftinés à entrer dans la bourfe commune.

2°. C'eft ce qui eft dit à l'article X : *que de noftre part cefferont les penfions de MM. les Penfionnaires, Procureur.... comme n'en ayant plus de befoin en cas de défunion, ains lefdits Penfionnaires & Procureur demeureront en terme de fimples Députés avec MM. les Mayeur & Cottereau, quand les cas échéant, ils feront de noftre part députés.* Cet article me paroît fufceptible de différentes ob-fervations.

Le Confeiller - Penfionnaire & le Procureur-Syndic de la Ville font atta-chés au Magiftrat comme Officiers ; mais ils ne font point du Magiftrat, non plus que les huit Preud'hommes , qui, conformément aux Lettres de la Comtesse Jeanne de l'an 1235 , n'est composé que de douze Echevins, (en eux compris le Mayeur) du REWART, RESPECTOR AMICITIÆ, & de douze Jurés , & voilà tout. C'est donc dans ces vingt-cinq personnes * qu'il faut choisir les Députés du Magistrat aux Etats , & non dans leurs Officiers qui ne font pas libres ; car la Comtesse veut que le Conseil , c'est-à-dire , les véritables Magistrats de la Ville , soit de vingt-cinq & pas plus.

* Même Lettre de 1235.
Ità quod in Confilio Villæ , tantùm viginti quinque fint homines , & non plures.

Le même abus s'étoit glissé dans la Députation des Etats de la Flandres-Autrichienne. Les Conseillers-Pensionnaires des Villes de Gand , de Bruges & du Franc de Bruges , s'étoient intrus dans la Députation ; mais l'Impératrice-Reine les ayant remarqués , les a supprimés de la Députation , & a ordonné par l'article VIII de son Ordonnance du 5 Juillet 1754 , qu'au lieu de ces Conseillers attachés à des Corps , il seroit choisi une personne qui ne seroit attachée à aucun Corps , & seroit par conséquent neutre , pour être Pensionnaire actuaire.

Je donne cet article VIII en entier.

* Ordonnance de la Reine de Hongrie , du 5 Juillet 1754 , pour les Etats de la Flandres Autrichienne.

,, *Nous voulons aussi qu'il soit choisi
,, par les Députés qui assisteront à la pre-
,, miere Assemblée générale, un Pension-
,, naire actuaire de ladite Commission ou
,, Députation, pour lequel il sera dressé
,, une instruction convenable, bien enten-
,, du que ce Pensionnaire actuaire ne
,, pourra être attaché à aucun Corps ni
,, Ville, à titre de Pensionnaire, Sécré-
,, taire ou autrement; comme aussi, qu'il
,, ne pourra être choisi ni commis que
,, pour le terme de trois ans, sans pou-
,, voir être continué après ce terme, sinon
,, en vertu d'un acte de dispense de notre
,, part ; au moyen de laquelle disposition
,, viendra à cesser, dès le jour de la pu-
,, blication de la Présente, l'actualité dans
,, l'Assemblée des Députés, qu'on a attri-
,, buée ci-devant aux Pensionnaires des
,, Villes de Gand, de Bruges & du Franc
,, de Bruges : & nous remettons à l'As-
,, semblée générale, à nous proposer les
,, indemnités qu'elle trouvera équitables,
,, tant envers lesdits Pensionnaires, qu'en-
,, vers les Rentiers qui ont les médianats
,, ou taxes de ces charges pour hypothé-
,, que.

C'est donc à cette intrusion du Pro-
cureur-

cureur-Syndic & du premier Penfionnaire de Lille, dans la Députation du
Tiers-Etat, qu'il faut attribuer l'union
des Villes avec les Baillifs ; leurs titres
font également défectueux. Ils font l'im-
poffible pour fe foutenir réciproquement, & les vrais Magiftrats aiment
mieux fe laiffer déplacer que de difpu-
ter contre leurs Officiers *.

Je ferai ici une remarque : c'eft que
les anciennes Députations de cet Etat
fingulier, étoient compofées d'un Baillif,
du Mayeur de Lille, du Chef & d'un
Penfionnaire de Douay, & d'un Eche-
vin d'Orchies, & que le Penfionnaire
de Lille reftoit conftamment attaché à
la Chambre Commune qui dirigeoit fes
Députés par fes inftructions : mais il eft
plus lucratif de tirer à trois rateliers,
en faifant la befogne la moins difficile.

C'eft pourquoi, dans vos Conclu-
fions, je ferois d'avis que vous deman-
diez qu'il plaife à Sa Majefté dire que
tous Députés, foit à la Cour, ou ailleurs, devront fe contenter de la fomme accordée par journées aux Députés,
fans pouvoir, pendant leur abfence,
profiter des honoraires, ou gages d'autres Offices, dont ils délaifferoient l'exer-

* Il y a
peu de tems
que le Pen-
fionnaire de
Lille a pré-
tendu qu'il
étoit le Dé-
puté nécef-
faire du
Corps du
Magiftrat
qui vouloit
députer fon
Mayeur à
Paris, & il
a gagné de
vîteffe, en
partant
avant la
décifion.

H

cice pour aller en Députation, & que Sa Majesté n'accordera aucune exemption de cette Loi, pour quelque caufe que ce foit, voulant qu'elle foit de rigueur.

Par les mêmes Lettres de 1235, la Comteffe Jeanne accorde à l'univerfalité de la Communauté de la Ville de Lille, huit hommes de probité, qui feront nommés par les quatre Prêtres Paroiffiaux des quatre Paroiffes qui étoient alors dans Lille : fçavoir, *St. Pierre*, *St. Etienne*, *St. Maurice* & *St. Sauveur*, dont les fonctions font de faire, conjointement avec huit Echevins, les rôles de l'Impofition de la Taille, & elle attribue fpécialement à ces Prud'hommes l'audition de tous les comptes de la Ville ; *& dicti octo homines debent habere eandem poteftatem quam & Scabini in Tallia facienda, & in debitis folvendis & fciendis, & computationibus audiendis. Et avant*, il eft dit : *& illi octo probi homines.... debent fcire debita Villæ & folutiones.*

Or, ces huit hommes n'étoient point du Corps du Magiftrat, & ils n'étoient appellés que pour faire la Taille & pour entendre les comptes. Ces huit hommes

prenoient quelquefois la liberté de s'op-
pofer aux dépenfes des Magiftrats, & d'ar-
guer les comptes. Les Magiftrats n'ont pas
cru pouvoir mieux faire que de les ad-
mettre dans leur compagnie, afin de les
emporter par le nombre des voix ; car ils
fe trouvoient vingt-cinq contre huit.

Cette intrufion s'eft-elle faite par un
fimple accord de ces trente-trois perfonnes ? Ou s'eft-elle faite en vertu de
Lettres du Souverain, expédiées à leur
demande ? C'eft ce que je ne fçais pas ;
mais fi elle s'eft faite fans la demande
& le confentement de toutes les Parties
qui ont contracté avec la Comteffe Jeanne en 1235, ce font des Lettres furpri-
fes qui ne peuvent faire un titre.

Voici les noms des contractans de l'an
1235 : la Comteffe les nomme. Je donne la piéce entiere. *Johanna Flandriæ*
& Hannoniæ Comitiffa, omnibus prefentes
Litteras infpecturis falutem in Domino.
Noverit univerfitas veftra, quod nos Sca-
binis juratis, totique Communitati Villæ
Infulenfi pro pace & utilitate ejufdem
Villæ, conceffimus & creavimus de con-
fenfu & voluntate eorumdem Scabinorum
juratorum, totiufque Communitatis antè
dictæ, quod nos & fucceffores noftri de-

bemus facere annuatim omnibus diebus, hoc eſt, de anno in annum in die omnium Sanctorum, duodecim Scabinos, probos homines & legitimos *Villæ* ſufficientes Burgenſes Inſulenſes bonâ fide per conſilium quatuor Presbiterorum Parochialium Inſulenſium ſuprà eorum ordines, & facere jurare Scabinagium, & hoc in die omnium Sanctorum, quandò Scabinagium deficit : & eâdem die debent eſſe deportati à ſuo Scabinagio illi qui antè fuerunt Scabini ; & hoc Scabinagium NOS JOHANNA Flandriæ & Hannoniæ Comitiſſa, debemus primò facere à Feſto inſtanti omnium Sanctorum in unum annum legitimè & de conſilio dictorum Presbiterorum, ſicut dictum eſt, vel noſtri ſucceſſores ; ſi interim de nobis deficeret, & etiam ipſâ dictâ die omnium Sanctorum, debemus eſſe apud Inſulam, vel aliquis homo, ſive plures ibidem eſſe debent ex parte noſtrâ Scabinos facientes, ſicut ſuperius eſt expreſſum. Illi verò qui erunt Scabini in uno anno, non poſſunt eſſe Scabini uſque ad tertium annum proximè ſequentem ; & ſciendum quod non poſſunt pariter eſſe Scabini avunculus, ſive patruus & nepos, nec ſororii, nec cognati germani, nec pater & filius, nec pater & gener, nec adeò proximi ; & quandò

Scabini exibunt à suo Scabinagio, nos &
Presbiteri, non poterimus capere proxi-
mos ad ipsos pertinentes, aliter quàm su-
perius est expressum : & si fortè aliquis
esset captus in Scabinagium, qui non posset esse Scabinus secundùm dictum carte
hujus à Scabinagio deportari debet, &
alius assumi loco ejus, quo citius commodè fieri poterit per nos & Presbiteros,
per quos alii sunt assumpti. Et sciendum
est quod non possunt capi sumptus Villæ,
nisi per assisiam; quandò verò talliabitur,
vel antè, si necesse fuerit, quatuor Præsbiteri Parochiales Insulensis capient octo
homines communi assensu ubicumque voluerint, in Villâ Burgenses Insulenses, probos & legitimos super eorum ordines quos
meliores & utiliores esse, noverint ad Talliam faciendam : & hoc facient, quandò à
Scabinis fuerint requisiti; & illi octo probi
homines debent esse cum Scabinis ad Talliam faciendam per assisiam. DICTI VERO
OCTO HOMINES EANDEM HABEANT
POTESTATEM QUAM ET SCABINI IN
TALLIA FACIENDA, ET DEBENT SCI-
RE DEBITA VILLÆ ET SOLUTIONES,
& hæc omnia debent facere benè & legitimè, & jurare : quod ità facient tactis
Reliquiis sacro-sanctis. Dicti verò quatuor

Presbiteri Parochiales Insulenses debent
facere duodecim breviculos, & scribere in
octo breviculis signum Crucis, & quatuor
dimittere vacuos, & ipsos duodecim bre-
viculos, tàm signatos, quàm vacuos, in-
cludere in globis cereis, & ponere ipsos
globos super altare inter duo lintamina ubi
à Scabinis capiantur; si autem aliquis,
vel aliqui Scabinorum nominatorum ab-
sentes essent, Scabini presentes facerent
aliquem vel aliquos homines nomine illius,
seu nominibus illorum qui absentes essent
reliquos globos capi; & illi octo Scabini
qui habebunt octo breviculos signatos, de-
bent talliare Villam cum octo hominibus
antè dictis, benè & legitimè, suprà eo-
rum sacramentum; . ET DICTI OCTO HO-
MINES DEBENT HABERE EANDEM PO-
TESTATEM QUAM ET SCABINI IN TAL-
LIA FACIENDA, ET IN DEBITIS SOL-
VENDIS ET SCIENDIS, ET COMPUTA-
TIONIBUS AUDIENDIS; & notandum
quod in quálibet Talliá faciendá, si necesse
fuerit, renovari debent illi octo homines vel
mutari. Ità quod dicti Presbiteri octo ho-
mines illos qui antè fuerunt, vel alios de
novo semper nominabunt, & ad minùs
omnes mutare debent in Festo omnium
Sanctorum; & si fortè ipsi Præsbiteri dic-
tos octo homines nollent capere, octo homi-

nes ultimò capti, debent capere alios octo homines probos & legitimos super ipsorum sacramentum ; & si aliquis vel aliqui de dictis octo hominibus decederent, vel presentes esse non possent, illi qui remanerent, debent alios capere usque ad octo ; qui octo homines, nec inter se, nec inter Scabinos consanguinei, vel affines aliter sint, quàm Scabini inter se possunt esse ; & si fortè unus vel duo de dictis octo hominibus, aut aliquis de Scabinis esse non possent ad diem computationis à Scabinis assignatam, reliqui cum Scabinis remanentibus debent computare sine meffacere, & sine cartam violare, & quolibet anno debent dari octo breviculi signati, & quatuor vacui, ut sint octo Scabini cum octo hominibus, sicut superiùs est expressum, & non possunt esse ad Talliam faciendam per totum, plus quàm sexdecim homines ; & quando illi sexdecim homines fecerint Talliam, quatuor dicti Præsbiteri Parochiales capient viginti homines in suis Parochiis, quos meliores & utiliores esse noverint & scient à Talliatoribus ad quantum] quisque de dictis viginti hominibus erit talliatus : & tunc facient dicti Præsbiteri viginti breviculos, decem signatos, & decem vacuos, & sicut suprà dictum

H iv

eſt, ſuper altare inter duo lintamina po-
nent eos, & à viginti hominibus ibidem,
ſicut de Scabinis dictum eſt ſuperius, ca-
pientur; & illi qui habebunt decem ſigna-
tos, talliabunt duodecim Scabinos, & octo
homines ſuperiùs nominatos, benè & le-
gitimè ſuper eorum ſacramentum. Si verò
tempore quo fiet Tallia, unus ſive duo,
ſive tres vel quatuor Scabini abſentes
fuerint, quatuor vel plures, ſi præſentes
fuerint, cum octo hominibus à Præsbiteris
captis, ſine carte violatione Talliam fa-
cient bonâ fide; ſi verò Dominus Terræ
fecerit Scabinos, ſicut dictum eſt, Scabini
debent capere quatuor viros juratos, &
RESPECTOREM AMICITIÆ: ità quod nec
Scabinis eos capientibus, nec inter ſe alio
modo conſanguinei ſint, vel affines, quàm
Scabini inter ſe poſſunt eſſe; ſi autem
conſanguinei, vel affines, circà dictum
carte, inventi fuerint, alii loco eorum à
Scabinis, quàm citiùs fieri commodè po-
terit, aſſumentur; ſi autem illi quinque,
ſcilicet quatuor viri jurati, & Reſpector
amicitiæ affines vel conſanguinei, fratris
ſive ſororii, avunculi, ſive cognati ger-
mani fuerint Scabinis, vel quatuor viris
juratis, ſive Reſpectori amicitiæ anni præ-
teriti, ſuper hoc libertas carte nullam ſen-

fiat læfionem : & hoc idem intelligi vo-
lumus de quatuor Comitibus hanfe , & de
octo hominibus qui erunt cum Scabinis ad
Talliam , & de quinque qui erunt ad pacem
& concordias faciendas. Prætereà Scabini , præter viros juratos , & Respectorem amicitiæ , debent capere octo juratos
ubicumque in Villâ voluerint burgenfes,
tamen ad hoc utiles bonâ fide, ità quòd
in Confilio Villé , tantùm viginti quinque fint homines & non plures. Infuprà ,
Scabini debent capere quatuor Comites
hanfe , ità quòd nec Scabinis eos capientibus , nec inter fe alio modo confangui-
nei fint , vel affines , quàm Scabini inter
fe poffunt effe ; quòd fi aliter factum fuerit , alii loco eorum quàm citiùs fieri poteft , per Scabinos apponantur : fciendum
eft etiam quod de cætero redditus fuper
Villam Infulenfem , ad vitam alicujus vel
aliquorum vendi non poterunt , nifi re-
quifito fuper hoc , & obtento confenfu ,
tàm Domini Terræ , quàm Communitatis
Villæ Infulenfis. Ille verò qui falfum cla-
mum faciet bis aut pluries , & exindè
convictus fuerit per Scabinos , aut per
bonam veritatem cui Scabini benè credent ,
non poteft effe creditus de his qui dicat
ampliùs (nifi habeat auxilium Scabi-

norum, & super hoc debet esse per totam
Villam proclamatus); debent etiam qua-
tuor dicti Præsbiteri Parochiales probos
viros quinque nominare super ordines eo-
rum quos ad hoc meliores & utiliores cre-
diderint esse, qui mortales inimicitias, &
omnes alias Villæ Insulensis concordent :
qui statim ut capti fuerint, jurent corpora-
liter quod bonâ fide officium suum exe-
quentur, nec aliter inter se consanguinei
sint, vel affines, quam Scabini inter se
possunt esse, & stabitur eorum consilio,
& quod dicti quinque, vel tres eorum su-
per hujusmodi concordias dixerint ordi-
nandum, tàm à nobis, quàm à Scabinis
debet observari, & si necessè fuerit, &
à nobis, & à Scabinis compellendi sunt
contradictores & rebelles ; & si aliquis de
dictis quinque decederet, vel ad pacem
& concordias faciendas esse non posset,
videlicet occasione discordiæ ad ipsum,
vel suos pertinentes, vel propter aliam
rationabilem causam alius loco sui per
dictos Præsbiteros eligeretur, & scien-
dum quod ad annum, scilicet in Festo
omnium Sanctorum dicti quinque probi
viri, ex toto debent mutari & dicti Præs-
biteri super eorum ordines debent alios
quinque probos & legitimos homines no-

minari, quos meliores & utiliores effe
crediderint ad pacem & concordias faciendas, ficut fuperius eft expreffum. In-
fuper fciendum eft quod Scabinis juratis,
totique Communitati Villæ Infulenfis ;
Chariffimus Dominus & Maritus nofter
Ferdinandus Flandriæ & Hannoniæ Comes in plenâ vitâ fuâ, & nos dedimus
Hallam, & conceffimus eifdem ut eam
ponerent per fuum facramentum, ubi uti-
lius, & magis expeditus cognofcerent effe
ad opus Villæ Infulenfis, & ad opus
noftrum, & ex tunc habemus in perpe-
tuum, medietatem proventuum, five fruc-
tuum provenienfium ex dictâ Hallâ, aliam
verò medietatem habet Villa Infulenfis ;
& fi fortè contingeret quod dicta Halla
aliquo modo reparatione indigeret cuflus,
five fumptus ipfius Hallæ ad communes
fructus ipfius æqualiter caperentur, &
hæc omnia pofuimus in lege Villæ pro
emendatione ipfius Villæ, de confenfu
noftro & dictorum Scabinorum & Juratorum, & totius Communitatis antè dictæ, & his antè conventionibus interfue-
runt dilecti & fideles noftri Franco præ-
pofitus Burgenfis & Flandriæ Cancella-
rius Th. de Beverne, Caftellanus Dickf-
mude, & Baillivus totius Flandriæ, Ro-

bertus de Wavrin Seneschallus Flandrenſis ; Ph. de Dergneau Hellenùs de Alveto Milites ; M. Gerardus de Remus , & M. Robertus Coſſes & Joannes de Haia : ut autem iſta omnia ſuprà dicta robur obtineant firmitatis nos præſentem cartam ſigilli noſtri munimus , roboravimus cum appenſione ſigilli diſtorum Scabinorum & Juratorum , & Communitatis Inſulenſis. Datum anno Domini , milleſimo ducenteſimo trigeſimo quinto menſe Maio.

Voilà donc l'époque de la création des huit Preudhommes hors du Corps du Magiſtrat, dont ils étoient, on peut dire, à peu-près les Curateurs : une fois introduits dans le Magiſtrat , ils ont inſenſiblement perdu l'Audition des Comptes, & par conſéquent toute leur autorité. Pour les dédommager des honoraires attribués à l'Audition des Comptes, on a créé quelques Commiſſions , telles que Commiſſaires de Quartier & à la Chambre des Ouvrages ; d'ailleurs, cela leur devenoit indifférent , parce que communément ils tournent dans le Corps du Magiſtrat en qualité , ſoit d'Échevins, ſoit de Jurés : mais comment, & qui eſt-ce qui leur a eſcamoté l'Audi-

tion de tous les Comptes de la Ville ?
Je n'en fçais rien ; je fçais feulement
qu'à préfent, le Mayeur, le Cottereau,
le premier Penfionnaire, & le Procureur-Syndic, font de tous les Comptes.
Quoiqu'il en foit, je ne vous ai fait
ces deux obfervations, que pour vous
faire appercevoir ce qui peut être l'occafion de l'union préfente des Villes
avec les Baillifs, & je vous confeille
de n'en pas dire un mot dans votre Mémoire, fans même faire attention à ce
que dit M. Regnart à la page 4, ligne
10 ; qu'encore que vous nommiez *les*
Magiftrats conjoinƐtement avec les Bail-
lifs, parce que fans cette réunion, voftre
prétention auroit été trop mal coufue ; c'eft
aux Baillifs, &c. Je reprends.

Ça été en 1653, que la féparation
des Caiffes a été faite par le Commis
des Finances, nommé *Lotin* : il a été ré-
glé que dans toutes les dépenfes qui feroient communes, les Baillifs payeroient
trois quarts, & les trois Villes un quart ;
& voici, à quelque petite fracture près,
comme cela fe pratique. Suppofez qu'on
demande trente-fix livres, les Baillifs en
payent vingt-fept, la Ville de Lille fix,
Douay deux, & Orchies un.

Depuis que cette féparation a été faite, il n'eft rien que les Baillifs n'aient
tenté pour augmenter leur Châtellenie,
en dépeuplant la Ville par l'établiffement
des mêmes Manufactures dans les Bourgs
& Villages de la Châtellenie, où la vie
& les loyers de maifons font moins
chers, & par le débit des boiffons à plus
bas prix dans les Fauxbourgs : * ce qui a
occafionné plufieurs Ordonnances (que
je ne fçais baptifer,) les Magiftrats dé-
fendant à leurs Bourgeois & Habitans
de boire hors les limites de la Banlieue,
(qui eft par trop petite) & les Baillifs
ayant fait afficher auffi une défenfe aux
Habitans de la Campagne, de boire
dans la Ville & l'étendue de fa Banlieue.
Quoiqu'il en foit, les deux Ordonnances n'ont pas été plus refpectées l'une
que l'autre au grand profit des Baillifs;
car les Habitans de la Ville qui vont
prendre l'air dans les Fauxbourgs, boivent cent fois plus fur leur territoire,
que les Payfans ne boivent dans la Ville
les jours de Marché.

---

* Il y a eu un arrangement en 1760, & on a placé
des bornes pour vendre en dedans ces bornes les boiffons au même prix qu'en Ville. *Suppofez que le Traité
foit exécuté fidellement.*

Les Villes avoient des droits de Marché exclufifs, les Baillifs ont trouvé le fecret d'en établir non-feulement dans leurs Bourgs, mais même dans les Fauxbourgs de la Ville de Lille. Ne faut-il pas que les Magiftrats foient doués d'une conftance à toute épreuve, pour conferver, comme ils font, leur union avec les Baillifs, & en même temps une averfion contre le Clergé, & principalement contre la Nobleffe, ce qui a penfé faire déferter toute la Nobleffe à la fin de l'autre fiécle, fi M. de Bagnol, lors Intendant, & meilleur politique que les Magiftrats, ne s'étoit mis en quatre pour rappeller ceux qui avoient levé le pied, & arrêter ceux qui vouloient les imiter, en leur offrant des exemptions furabondantes pour eux & leurs enfans; & il n'y a pas plus de trois ans que les deux derniers de ces enfans font morts. Je pourfuis.

Obfervation fur la conftance des Magiftrats.

Quant aux excufes pitoyables que les Baillifs donnent fur l'addition qu'ils ont faites des Armes des quatre Seigneuries qu'ils ont placées écartelées fous l'Ecuffon de Flandres, qu'ils y ont pofé en furtout, le Confeil les trouvera telles qu'elles font; car fi ces Armes font né-

Obfervation fur les Bandoulieres.

cessaires pour autoriser les Huissiers ou Sergens du Baillage à exploiter sur ces Seigneuries, il s'ensuit qu'ils ne pourroient exploiter sur aucune Seigneurie, sans être munis de l'Ecusson du Seigneur. Le Conseil fera sans doute disparoître cette nouveauté.

Observation sur les Jettons.

Quant à ce que les Baillifs & Magistrats répondent sur le changement des Jettons, qu'ils appellent *Médailles*; la preuve que ce sont des Jettons, saute aux yeux : il est vrai que la méprise ou la faute d'impression du Mémoire de Me. le Saffre, a engagé Me. de la Monnoie à en profiter, pour en faire un équivoque; mais rien n'est plus facile que de prouver que ce sont des Jettons, que les États des Provinces distribuent chaque année.

Les Médailles par lesquelles on transmet à la postérité quelque fait important, porte un millésime qui ne varie point, parce que les mêmes faits intéressans ne se répétent pas; au lieu que les Jettons d'États changent de millésime à chaque fonte & fabrication qu'on en fait, sans jamais changer de Type, comme il est arrivé aux Anciens Jettons que vous avez produits sous un même Type,

Type, mais sous trois millésimes différens.

Après ces observations, je ne vous
dirai rien sur le détail des conclusions
que vous avez à prendre par l'amplia-
tion que vous vous êtes réservée.

Si vous étiez pardevant un Parlement
ou autre Cour Souveraine, qui eût
nommé un Rapporteur, je vous pro-
poserois vos conclusions ultérieures,
après vous avoir cependant excité aux
voies de conciliations ; mais vous êtes
devant le Conseil. Je ne me défie pas
du Roi, quoique partie, comme Seigneur de Phalempin : nos Monarques
sont accoutumés à se juger & à se con-
damner. Mais ce Tribunal juge d'après
l'avis qu'il a coutume de demander au
Commissaire départi dans la Province,
parce que trop occupé de la généralité
des affaires, ceux qui le composent,
n'ont pas le temps d'étudier & de discuter par eux-mêmes le fond des affaires.

Je suis persuadé de la droiture de celui qui est nommé Commissaire en cette
partie : il ne sçauroit vous faire perdre
le fond du procès ; mais vos Parties di-
rectes tiennent un rang considérable dans
le monde : il est si avantageux de leur

I

plaire, il eft fi dangereux de leur dé-
plaire, que l'homme le plus vertueux
peut être tenté d'éluder, de donner un
avis tout-à-fait décifif. M. de la Grand-
ville qui avoit été chargé de cette même
Commiffion en 1735, en a fi bien fenti
l'importance & le danger, qu'il a dé-
buté par propofer un accommodement
fur lequel on s'eft endormi jufqu'en 1756,
que vous vous êtes ranimés.

Il me femble que je vois l'avis : il reffemble à celui de M. de Bagnol ; il trouvera le fond peu expliqué. On fera un
Réglement provifoire pour la reddition
des comptes, en attendant le Jugement
définitif, lequel attendant, les Baillifs
refteront provifionnellement en poffeffion de la Régie.

Les deux Parties chanteront victoire
en mafquant leur mécontentement, jufqu'à recommencer à la premiere occafion.

Voilà ce que j'ai rêvé (la nuit paf-
fée) voir dans un avis qui me paroiffoit dreffé depuis plufieurs années.

En effet, fi nous réfléchiffons, la paix
& la concorde entre les Sujets, qui font
fi favorables aux intérêts du Souverain,
ne font pas également favorables aux
Officiers qui commandent dans les Pro-

vinces : elles les bornent aux fonctions de leurs Offices ; mais si la dissension s'y met, les deux Parties font leur cour à ces Officiers pour avoir leur protection ; cela double la considération qu'ils y ont, & les met à portée de se faire connoître doublement à la Cour.

Je le répéte, je n'ai aucun doute sur les lumieres & la droiture de votre Commissaire ; cependant, dans l'idée que je me suis formée, que les quatre Hauts-Justiciers, & les Nobles joints ensemble, forment le Corps de la Noblesse, dont les Seigneurs sont les Députés stables & perpétuels, il me paroît qu'il seroit possible de faire un accommodement solide qui remettroit incessamment la paix dans la Province ; ce qu'on ne peut espérer par l'Arrêt & le Réglement que je prévois.

Jusqu'ici tous les accommodemens proposés n'ont pu avoir lieu, ni s'arranger, parce qu'on n'avoit reconnu, apperçu ni vérifié le vrai fond des droits respectifs ; mais aujourd'hui qu'il est démontré, & on peut dire prouvé ; 1°. Que les quatre Hauts-Justiciers ont été créés & établis en 1414 pour être dans l'Ordre de la Noblesse les Députés stables & perpétuels de ce Corps, & qu'ils n'ont point exifté en prééminence avant ce temps.

2°. Que la Noblesse en Corps, en elle compris les quatre Seigneurs Hauts-Justiciers, accordoit au Souverain les Aides, à prendre & lever sur les Manans & Habitans de la Campagne, Sujets desdits Nobles, ce qui est prouvé par les accords des Aides des années 1416, 1419, 1420, 1474, & spécialement & distinctement par l'Arrêt du Parlement de Paris, du 7 Septembre 1449 *, dans lequel est dit : QUOD ALTI JUSTICIERI, ET CŒTERI NOBILES HOMINES CASTELLANIARUM DE INSULA, DUACI ET ORCHIARUM....... CERTAM TALLIAM...... CONCESSERANT ET DONAVERANT, &c.

* Voyez l'Arrêt tranfcrit tout entier à la fin du Mémoire intitulé *Expofition*, figné, LESAFFRE.

Obfervation importante.

En 1449 que cet Arrêt a été rendu, les quatre Seigneurs Hauts-Justiciers, ou au moins quelques-uns d'eux, étoient encore dans la Province, & s'affembloient avec tous les autres Nobles qui étoient *appellés* aux Délibérations, ce qui a dû durer au moins jufqu'à l'an 1482 & plus, puifque le Seigneur de Wavrin y étoit encore, & paroiffoit en même Commiffion avec d'autres Nobles : auffi peut-on affurer fans

fixer d'époque, que c'est postérieure-
ment à ce temps que la Noblesse a cessé
d'être marquée dans le consentement aux
Aides accordées au Souverain : sans
doute parce qu'elle n'a point voulu s'as-
sembler avec les Baillifs.

3°. Enfin l'occasion d'un accommodement devient apparente, parce que
trois des Seigneurs Hauts - Justiciers
ayant donné leur Requête d'intervention, cette démarche présente l'occasion la plus favorable de traiter avec
eux pour obtenir un accommodement
qui rétabliroit la paix & la concorde
entre les trois États de la Province.

Ces trois Seigneurs, & principalement le Seigneur de Phalempin (qui
est devenu notre Roi), tiennent un
rang si haut, si distingué dans le monde, ils méritent tant d'égards & de res-
pect, qu'il paroît que le Clergé & la
Noblesse ne doivent pas balancer, à
leur première Assemblée générale, de
prendre la résolution d'envoyer une Députation solemnelle vers les quatre Seigneurs Hauts-Justiciers, pour les sup-
plier de vouloir bien se rejoindre à la
Noblesse, & reprendre leur rang & leur
titre dans cet Ordre.

Enfuite leur propofer, attendu l'impoſſibilité où ils font de paroître perfonnellement dans le Corps, de vouloir bien fe prêter à quelque arrangement pour aſſurer la dignité de leurs Repréfentans, fans préjudicier à leurs droits, & fans préjudicier auſſi aux droits du Clergé & de la Nobleſſe, & conferver à ces deux Corps leur dignité & les égards qui femblent être dûs aux deux premiers ordres des États.

Si, comme il y a lieu de l'efpérer, les quatre Seigneurs Hauts-Juſticiers reçoivent cette Députation en bonne part, & veulent bien entrer en conférence d'accommodement, on pourra leur préfenter pluſieurs projets, tels qu'on les trouvera les plus avantageux au bien général, fans aucunement préjudicier aux droits des Particuliers, dont on ménagera les dédommagemens avec juſtice, & même avec générofité.

Entre les projets qu'on pourroit préfenter aux quatre Seigneurs Hauts-Juſticiers, dont la préfence peut être regardée comme impoſſible à perpétuité, on pourroit commencer par celui qui fuit, comme très-avantageux à la Province, par l'économie qu'il préfente.

Premier Projet.

Que fi, vu l'impoffibilité d'exercer perfonnellement la Députation perpétuelle & ftable, il plaifoit aux quatre Seigneurs Hauts-Jufticiers d'y renoncer, & de s'en déporter entre les mains du Corps de la Nobleffe par qui ils ont été nommés, préfentés & demandés au Souverain en 1414, il feroit offert auxdits quatre Seigneurs Hauts-Jufticiers : 1°. De rembourfer & dédommager leurs Baillifs refpeĉifs de tout ce qu'ils ont donné & payé pour fe procurer ces Offices.

2°. Qu'il feroit payé auxdits Hauts-Jufticiers, à titre de don gratuit, épingles ou dédommagement, telle fomme qu'ils trouveront à propos de demander, & qu'ils fixeront eux - mêmes, fuivant leur grandeur d'ame & leur générofité.

Que dans le cas où ce projet feroit préféré par les Hauts - Jufticiers, pour procurer une plus grande économie, la Députation Ordinaire feroit réduite à trois Députés triennaux, qui s'affembleroient tous les jours, & ne déplaceroient point, en copiant, en ce qui feroit trouvé convenable, ce que pratiquent depuis

I iv

long-temps les États d'Artois ; pourquoi il feroit fait un projet de réglement à l'appaifement des trois Ordres, lequel feroit préfenté à Sa Majefté pour recevoir fon Approbation irrévocable & perpétuelle.

3°. Dans ce cas encore, l'Office de Baillif de Lille, qui a été acheté des deniers des Sujets de la Nobleffe, n'étant pas néceffaire à la décoration de cet Ordre, & la Nobleffe ne craignant pas que fous fes yeux un Baillif de Lille ofât ufer de concuffion, ni de malverfation, cet Office héréditaire feroit offerte à M. de Larianderie, en troc & dédommagement de l'Office de Baillif de Phalempin, que fes Auteurs ont acquis du Domaine. Cet échange lui feroit d'autant plus avantageux, que l'Office de Baillif de la Salle de Lille, s'il étoit mis en vente, feroit vendu beaucoup plus cher que l'Office de Baillif de Phalempin n'a coûté à fa famille.

Deuxiéme Projet.

Au cas que ce premier projet ne plaife point aux quatre Seigneurs Hauts-Jufticiers, & qu'ils préférent de conferver le titre héréditaire qui leur a été

donné purement, fimplement & gratuitement par les Lettres de 1414, il leur
feroit propofé, que pour mieux affurer
la dignité de leurs Repréfentans, tant
par la naiffance que par la capacité,
& auffi pour envelopper dans un bon
accommodement l'exception du Clergé
& de la Nobleffe, que d'habiles Jurif-
confultes ont affuré être en droit de foutenir, que le titre des quatre Seigneurs
Hauts - Jufticiers, étant une délégation
perfonnelle, ils ne peuvent jamais avoir
eu le droit de fubdéléguer : pour encore
effacer l'indécence d'une repréfentation
par des Officiers domeftiques, pour faire les fonctions de Députés de la Nobleffe, il plaife auxdits quatre Seigneurs
Hauts - Jufticiers, accepter & convenir
des propofitions fuivantes.

1°. Qu'au lieu de vendre viagerement
les Baillages de leurs terres, ils vendront
viagerement la Haute - Juftice de leurs
Fiefs avec les droits honorifiques de
l'Eglife, & le droit de Séance aux États,
comme Députés ftables de la Nobleffe
dans l'Affemblée des États des Villes &
Châtellenies de Lille, Douay & Orchies, fe réfervant à eux le furplus de
tous leurs droits utiles (nuls exceptés)

ainſi que la propriété héréditaire deſdits droits honorifiques, qui rentreront d'eux-mêmes par le trépas de l'Acqué-reur viager.

Par cet arrangement, ce feront les Seigneurs viagers ou temporels de Pha-lempin, de Ciſoin, de Wavrin & de Commines, qui viendront perſonnelle-ment ſe placer à la tête de la Nobleſſe, comme ſes Députés ſtables, & les No-bles n'auront plus de répugnance à ſe trouver avec eux.

2°. Pour rendre cet Accommode-ment ſolide, aſſurer la dignité de ces Seigneurs Hauts - Juſticiers temporels, en mettant les Nobles les plus diſtingués & les plus qualifiés dans le cas de pou-voir deſirer ces acquiſitions viageres, il faudroit que les quatre Seigneurs Hauts-Juſticiers vouluſſent convenir enſemble, & fixer cette vente à un prix invariable & modique, ſelon leur généroſité, afin d'ôter à leurs héritiers & ſucceſſeurs la tentation de ſuccomber aux offres folles de gens nouveaux, à qui l'argent ne coûte rien quand il s'agit de ſe dé-corer, & qui pourroient employer en-ſuite (pour ſe dédommager) des moyens qui dégraderoient la dignité de la re-préſentation.

3°. Pour éteindre toute difficulté fur le droit de fubdéléguer & affurer mieux la dignité & la capacité des Repréfen-tans, il paroît convenable d'arrêter, qu'à la mort de chacun des Seigneurs via-gers ou temporels, le Seigneur héréditaire & perpétuel écriroit au Corps de la Nobleffe, que ne pouvant venir s'ac-quitter des fonctions attachées à fon Fief, il prie la Nobleffe de s'affembler, & de faire choix d'un Gentilhomme, (dont la naiffance, les talens & les qua-lités perfonnelles puiffent convenir au Corps) afin qu'il puiffe fe déporter en fa faveur de la Haute-Juftice viagere de fon Fief, avec le droit de Députation y annexé, au prix fixé.

4°. Qu'il feroit convenable de ftipu-ler, qu'aucune furvivance ne pourra avoir lieu, que le fils ni l'héritier d'un de ces Seigneurs viagers, ne pourra être choifi pour fuccéder immédiatement à fon pe-re, à la même Seigneurie, ni à aucune des trois autres par troc, afin d'éluder cette loi (laquelle fera de rigueur) pour que plus de familles nobles puiffent par-venir à l'honneur de cette repréfenta-tion, qui affurément fera recherché par ce qu'il y a de mieux entre les Nobles de la Province.

5°. Que pour ne faire peine à perfonne & honorer les Baillifs actuels, plutôt que de leur nuire, lesdits quatre Baillifs pourront, par cette confidération, devenir les premiers Seigneurs Hauts-Jufticiers temporels ou viagers, bien entendu qu'aucun d'eux ne pourra être Seigneur de la terre dont il a été Baillif, mais que tous quatre feront changés par choix & nomination du Corps de la Nobleffe, lequel par cet Acte fera mis en poffeffion de nommer & préfenter à chacun des quatre Seigneurs Hauts-Jufticiers perpétuels, celui qu'il trouvera le plus convenable pour le repréfenter.

Mais comme deux de ces Baillifs ont obtenu des furvivances pour leurs fils, ils feront reftitués de ce qu'ils ont donné pour les obtenir ; à moins qu'ils préférent faire paffer dès-à-préfent leurfdits fils à l'état de Seigneur.

6°. Comme M. de la Rianderie perdroit encore par ce projet une action héréditaire qui deviendroit viagere, il lui fera encore préfenté de prendre la charge de Baillif de Lille en troc. Et au cas qu'il accepte ce parti, comme en conféquence de ce troc fon action fur le Baillage de la terre de Phalempin, appartiendroit au Corps de la Nobleſſe, le Corps en traiteroit avec Sa Majeſté, pour avoir le droit de nommer un Député triennal, ſous le nom de Châtelain de Lille, lequel prendroit en tous lieux le rang & la place qu'a pris juſqu'ici le Seigneur de Phalempin, ou ſon Baillif. Mais il ſeroit ſtatué de rigueur, que nul ne pourroit être continué plus de trois ans dans l'Office du Châtelain de Lille, ni y être placé une ſeconde fois, & encore que le fils ne pourroit ſuccéder immédiatement après ſon pere, ni le frere après ſon frere, audit Office triennal de Châtelain de Lille.

Voilà, Monſieur, & mes Obſervations & deux Projets qui pourroient rétablir la paix, & réintégrer les trois Ordres des États dans leurs droits. Si l'un ni l'autre de ces Projets ne conviennent, il ne ſera pas impoſſible d'en former d'autres. Quoi qu'il en ſoit, je prie Dieu qu'il veuille inſpirer les Parties contendantes, & rétablir la concorde.

F I N.

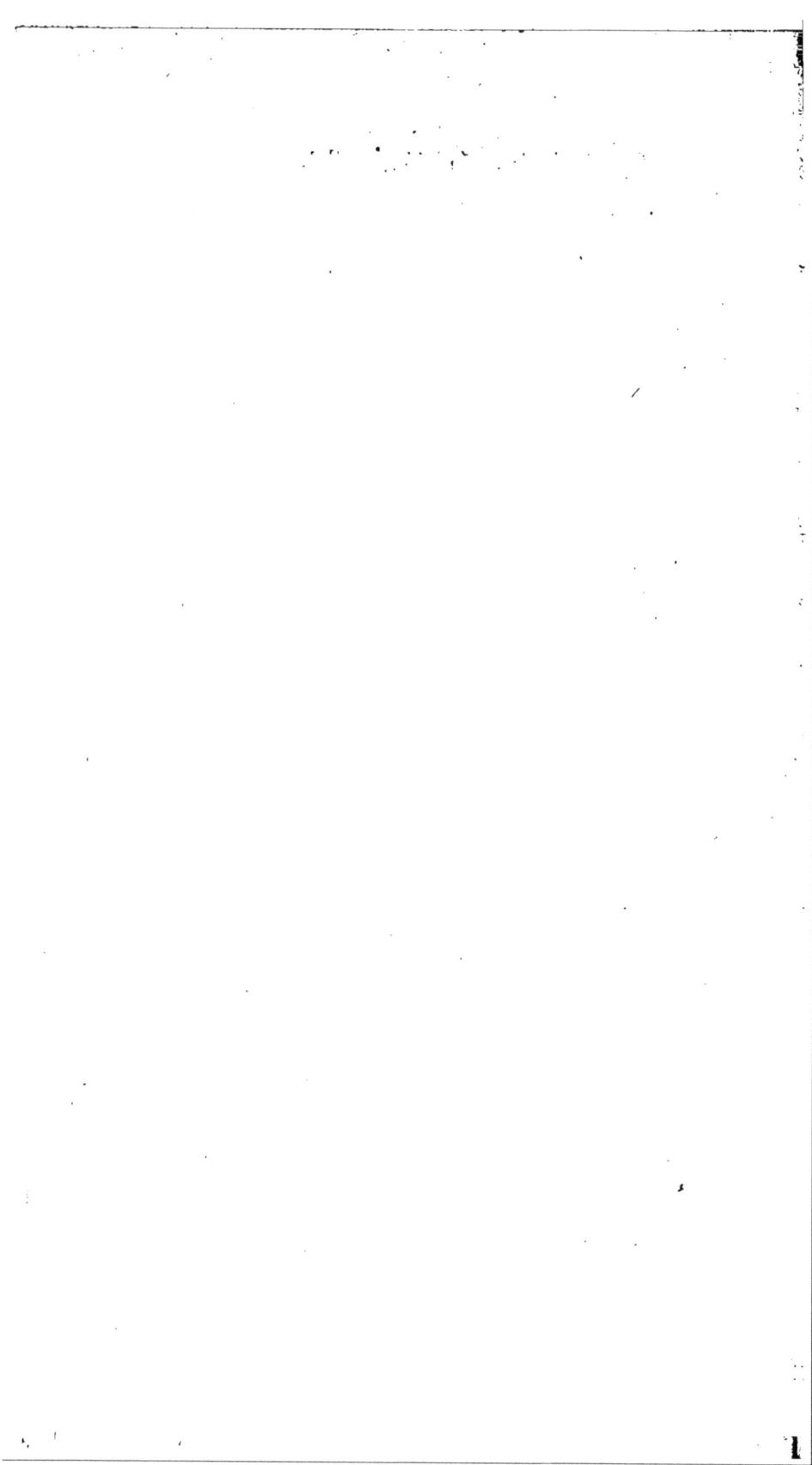

ERRATA.

PAge 60. ligne 21. ayant les quatre Députés, *lifez* fes quatre Députés.

Pag. 79. lig. 3. Condoyés, *lifez* Coudoyés.

Pag. 81. lig. 18. Haugouwart, *lifez* Hangouwart.

. . . . . . lig. 24. *Idem.*

Pag. 83. lig. 1. *Idem.*

Pag. 128. lig. 22. porte, *lifez* portent.